JOURNAL D'UN CURÉ

DU

DIOCÈSE DE PARIS

Par l'abbé Suquet,
d'après sa date de nomination
à la cure de Ste-Elisabeth, à Paris,
cette date indiquée, page 1,
est confirmée par
" la France ecclésiastique".

Tous droits réservés,

JOURNAL D'UN CURÉ

DU

DIOCÈSE DE PARIS

de 1880 à 1894.

Il traverse les sables de la vallée de la mort; il y trouve des sources d'eau vive. Les pluies d'automne se répandent sur lui; il multiplie incessamment sa force jusqu'à ce qu'il arrive en présence du Seigneur, sur la montagne de Sion.

PARIS

IMPRIMERIE SALÉSIENNE (Œuvre de Don Bosco)

DIRECTEUR : L'ABBÉ J. RONCHAIL.

28, Rue Boyer. (Ménilmontant)

1895

1880

9 Aout.

Un grand changement s'est fait dans
mon existence : nommé à la cure de
Sainte-Elisabeth devenue vacante par la
mort de M. l'abbé Jousselin, j'ai été installé, le 11 Mars, par mon vieil ami,
l'abbé Lagarde, vicaire général, archidiacre de Notre-Dame. J'ai prononcé ma
première allocution pastorale le 14 Mars
suivant, à la grand'messe. J'ai dû prendre
ensuite, successivement, connaissance

des Vicaires, des Fabriciens, des employés, des fidèles, des membres des diverses assemblées charitables et pieuses de la paroisse; m'occuper enfin, de beaucoup de détails spirituels et temporels. Le 20 Mai, en plein mois de Marie, prêché par l'abbé Jacquet, j'ai fait faire la première communion à 134 enfants de la paroisse. C'est Mgr de Forges qui les a confirmés. Un peu fatigué par tous ces soins, j'ai pris un mois de vacances, en Juillet...

Aujourd'hui j'ai prêché deux fois ; j'ai dîné ce soir en compagnie de mes vicaires... Puisse le bon Dieu bénir mon retour au milieu de cette grande paroisse et me donner tout ce qu'il faut pour y faire le bien ! que je me sens faible et misérable en présence de la responsabilité qui pèse maintenant sur moi ! Si du moins, je pouvais dire, en vérité, comme saint Paul. « *Cum infirmor, tum potens sum!...* » O mon Dieu, venez à mon aide... O sainte Vierge Marie, n'aban-

1880

donnez pas votre pauvre, mais dévoué serviteur...

Amen.

1er Septembre.

*Pendant la retraite pastorale
à Saint-Sulpice.*

« O mon âme, n'oublie donc jamais les leçons de la mort. Veux-tu que la mort ne soit pas ton ennemie, mais plutôt qu'elle soit ton amie, meurs tous les jours au monde et à toi-même. Brise, tous les jours, les liens qui voudraient se former dans ton cœur entre toi et les créatures ; la mort, quand elle viendra n'aura pas besoin de s'armer de son glaive terrible pour séparer ton âme de toutes ses attaches. Loin d'être une adversaire, elle sera une amie, une libératrice. Elle achèvera heureusement ton passage du temps à l'éternité, de la vallée des larmes au port du salut, de la terre au ciel.

Résolution. — Donc, penser souvent à la mort — me préparer souvent à la mort par une vie plus détachée des créatures, plus unie à Dieu par Jésus-Christ « *Mihi vivere, Christus est, et mori lucrum...*

Amen, Amen.

5 Septembre.

J'ai été amené à parler aux fidèles de la grande question des Écoles chrétiennes. Le cardinal nous a beaucoup recommandé cette œuvre. Puisse le bon Dieu avoir béni mes paroles et multiplié sur Sainte-Elisabeth ces asiles, si nécessaires de notre temps, pour l'enfance et la jeunesse. *Christus amat infantiam; Jesu, rex Francorum, miserere nobis.*

14 Octobre.

A 10 heures, messe du Saint-Esprit pour la rentrée des Écoles des garçons et des filles. — Après avoir félicité mes chers petits enfants sur leur exactitude et leur piété, je leur ai dit les motifs qui nous avaient portés à les réunir : le premier c'est la nécessité de témoigner à Dieu votre reconnaissance pour les biens dont il vous a comblés depuis votre entrée dans la vie, éducation et instruction chrétiennes... Et comme vous vous sentez trop faibles pour accomplir ce grand devoir, vous vous êtes unis à Notre-Seigneur Jésus-Christ, le Verbe incarné, la louange substantielle du Père, la victime et le prêtre, par excellence, de l'humanité, l'ami des enfants... Le deuxième motif c'est la nécessité de prier le bon Dieu, de lui demander tout ce qu'il faut pour bien passer l'année scolaire qui recommence, c'est-à-dire : la santé... la sagesse... le succès... Voilà pourquoi vous avez réclamé au nom du Sang de Jésus-Christ offert sur l'autel l'intervention du Saint-Esprit, de l'esprit créateur, de l'esprit de sagesse, d'intelligence, de force. J'espère donc que vous avez été exaucés et que tous, parents et enfants, maîtres et élèves, nous poursuivrons saintement cette année nouvelle.

1ᵉʳ NOVEMBRE.
Lundi.

La Toussaint ! quel mot et que de choses dans ce mot ! Nos frères, nos parents, nos amis, l'humanité rachetée par le sang de Jésus-Christ et fidèle jusqu'à la mort à la grâce de sa vocation, couronnée avec lui… Quel sujet d'admiration, de reconnaissance envers Dieu… de félicitations pour les Saints .. d'encouragement pour chacun de nous ! La sainteté *peut donc*, la sainteté *doit donc* être notre partage !...

2 NOVEMBRE.
Mardi.

Commémoraison des fidèles trépassés.

Association touchante des Saints du

Purgatoire avec ceux du ciel dans les pensées et les prières de l'Eglise. C'est que l'Eglise se souvient de la recommandation antique de prier pour les morts. Hélas ! le monde les oublie vite, ou ne s'en occupe que pour les louer à son profit ou les dénigrer pour son plaisir. L'Eglise, mieux inspirée, s'en souvient pour prier et faire prier ses enfants pour eux. De là, le saint sacrifice de ce matin, cet office solennel, cette octave de prières, ces recommandations pressantes. Ecoutons l'Eglise, unissons-nous à elle... Prions pour les morts... Mais prions bien, et, pour cela, soyons et restons en état de grâce...

10 Novembre.

A 9 heures, j'ai dit la sainte Messe à Saint-Eustache et donné la communion générale aux fidèles qui célébraient le troisième jour de l'adoration perpétuelle. J'ai dû leur adresser quelques paroles d'édification à la demande de M. le Curé; et mon thème a été l'expiation de Notre-Seigneur, expiation de sa vie mortelle continuée dans sa vie eucharistique et que chacun de nous doit s'efforcer d'imiter.

19 NOVEMBRE
Fête de Sainte Elisabeth.

Quelle douce et suave figure, au milieu de tant de suaves et douces figures de Saints, que celle de cette pieuse reine, modèle accompli, dans une vie de 24 ans, des jeunes filles, des personnes mariées, des veuves chrétiennes! J'ai redit, ce soir, en peu de mots, son histoire à mes paroissiens. Ah! puissions-nous tous, grâce à son intercession, marcher fidèlement sur ses traces, chacun dans notre vocation, et arriver un jour, comme elle, à jouir de la gloire du ciel! Amen.

25 Novembre.
Jeudi.

A 9 heures, messe du Saint Sacrement à laquelle assistent les enfants de l'école. A 10 heures, bénédiction solennelle de l'école chrétienne libre dans les bâtiments des magasins réunis. J'ai été consolé de voir cette cérémonie s'accomplir au milieu d'un assez grand concours de parents, de membres du comité, de paroissiens et de chers frères. O mon Dieu, à vous seul la gloire de cette création!... O Jésus qui êtes le bon pasteur et qui voulez le salut de tous, même et surtout des petits enfants... ne laissez pas périr cette école que nous vous avons dédiée. Bénissez-la et bénissez aussi tous ses bienfaiteurs!...

A cette même heure avait lieu, dans l'église, la réunion des filles des écoles de la paroisse qui fêtaient saint Catherine, leur patronne.

6 Décembre.

Lundi.

A 9 heures, messe de saint Nicolas, patron des jeunes écoliers. Les élèves des Frères, de M. L***, de M. C*** assistent à la messe que je dis à l'autel du chœur; je bénis leurs brioches à l'offertoire. Et, après la messe, je leur adresse une petite allocution, tâchant de les animer à aimer et à imiter davantage leur saint protecteur.

8 Décembre.

Fête de l'Immaculée-Conception de la très Sainte Vierge.

J'ai célébré la messe pour les paroissiens dont plusieurs, je veux dire cinq dames de l'assemblée de charité, avaient eu la bonté de m'offrir un magnifique ornement en soie blanche brodé d'or... O Marie conçue sans péché, priez pour nous qui avons recours à vous.

Que toute notre vie soit une imitation de la vôtre, une vie de préparation à la venue de Notre-Seigneur.

26 Décembre.

Encore une belle fête de Noël passée ! Si, du moins, l'Enfant de la crèche grandissait dans mon cœur !... si ma vie, renouvelée dans mon union quotidienne avec lui, pouvait être une imitation moins imparfaite de la sienne !... O sainte Vierge Marie, ô saint Joseph, heureux témoins de la naissance de Jésus, ô Saints anges !... ô saints bergers, ses premiers adorateurs, priez pour que nous vivions désormais comme de bons chrétiens... de bons prêtres !... Amen.

Saint Etienne, le premier des martyrs de Jésus-Christ peut et doit me servir de modèle, après avoir reçu le juste tribut de ma vénération. Il a été choisi par les Apôtres pour remplir, au sein de l'Eglise naissante, les fonctions de diacre. Saint

Luc lui rend ce beau témoignage qu'il était plein de foi et de sagesse, qu'il s'acquittait parfaitement non seulement de sa modeste mission, mais encore de celles de prêcher le nom de Jésus, de montrer aux Juifs, par les Ecritures, qu'il était le Messie promis à leurs pères et attendu par l'univers tout entier. Enfin, saint Etienne sût leur prouver qu'il était au-dessus de la crainte des hommes, et qu'il savait mourir courageusement pour la grande cause de la vérité. N'est-ce pas ce que je dois faire... prêcher Jésus-Christ par la parole, par le bon exemple, par la charité... et mourir, s'il le faut, pour Jésus-Christ en pardonnant, comme lui et comme saint Etienne, à mes persécuteurs?...

30 Décembre.

C'est demain le dernier jour de cette année 1880, marquée, pour l'Eglise et pour la société, par des événements si lamentables; marquée, pour moi, par un si redoutable changement de position. Me voilà chargé devant Dieu d'une responsabilité immense... J'ai donc aussi bien sujet, après avoir remercié la Providence de cette nouvelle année qu'elle a bien voulu ajouter aux précédentes, de m'humilier profondément à ses pieds, de demander pardon à Dieu pour mes péchés, pour mes négligences, pour les négligences et les péchés de mes proches, de mes amis, de mes concitoyens, de mes frères en Jésus-Christ... *Parce, Domine, parce populo tuo, ne in æternum irascaris nobis...* Je dois, ensuite, implorer le secours d'en haut pour l'année qui va s'ouvrir, pour cette mystérieuse année 1881 qui suscitera peut-être des événements majeurs, dans l'ordre politique et social... Enfin, j'ai besoin de renouveler toutes mes saintes résolutions de la retraite dernière. Résolutions générales, résolutions particulières... O mon Dieu, bénissez-moi malgré mes péchés passés et ma profonde misère. Faites éclater la puissance de votre bras dans ma faiblesse. Accordez-moi d'accomplir votre œuvre, l'œuvre de la sanctification des âmes, de la mienne et de celles de mes frères... O sainte Vierge Marie, Mère du Verbe incarné, priez pour votre enfant qui n'a voulu être prêtre que pour faire naître et grandir dans les âmes, par la prédication de l'Evangile et le bon exemple, votre adorable Fils, Notre-Seigneur Jésus-Christ. Amen.

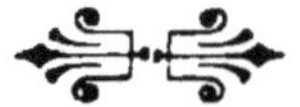

1881

Hier j'ai célébré l'anniversaire doulou
reux de la mort de ma bonne et tendre
mère... Quelques jours auparavant, ma
sœur Joséphine a dû suivre son mari
nommé capitaine de gendarmerie à
Villefranche. Elle m'écrit ce matin
qu'elle gèle littéralement de froid au
milieu d'un pays couvert de neige et
que ses pauvres petits enfants lui demandent en pleurant ce qu'ils sont venus
faire dans cette méchante ville... Un de

mes vicaires que j'ai dû, dans son propre intérêt et dans celui des fidèles, décharger de certaines fonctions, me boude et se livre ostensiblement à un chagrin exagéré... Ainsi tout est peine, tout est affliction d'esprit et de cœur dans cette misérable vie... O Jésus, quand vous délivrerez-nous de toutes les calamités qui nous environnent?... Et encore, à ces motifs de douleur que je viens d'écrire, il me faut joindre d'autres causes de tristesse plus générales et autrement graves pour une âme qui aime le bon Dieu, l'Eglise, les âmes, la France... Mais j'entends la voix de Jésus-Christ : *Non turbetur cor vestrum neque formidet... confidite, ego vici mundum...* Courage donc, ô ma pauvre âme... courage, confiance, fais ce que dois... advienne que pourra...

3o Janvier.

La lecture de l'Evangile du IVe Dimanche après l'Epiphanie doit ranimer, en moi, les sentiments de la plus entière confiance envers Notre-Seigneur. Ma vie, comme toute vie humaine, ressemble à celle des Apôtres sur le lac de Génésareth. C'est une existence séparée de la mort par un point presque imperceptible, agitée par des orages soudains, et menacée, à chaque instant, de périr. *Domine, salva nos, perimus...* Et Jésus se réveille et commande souverainement aux vents et aux flots, et il se fait un grand calme...

14 Février.

M. Millault, curé de Saint-Roch me remercie d'avoir accepté d'entrer dans leur conférence. Tout l'honneur en est pour moi, car elle se compose de dignes prêtres dont quelques-uns me sont plus particulièrement connus. Voici les noms des bons curés qui en font partie: MM. Taillandier, curé de Saint-Augustin; de Montferrier, curé de Notre-Dame de

Bonne-Nouvelle; Brazier, curé de Saint-Denis du Saint-Sacrement; Charles, curé de Saint-Pierre de Chaillot; Cabrillé, curé de Saint-Vincent de Paul; Lamarche, curé de Sainte-Marie des Batignoles; Guédon, curé de Saint-Ambroise; Sibon, curé de Saint-Joseph; Rossignol, curé de Saint-Jean-Baptiste de Belleville. En y ajoutant les noms de M. Millault, de M. de Valois, curé de Notre-Dame des Blancs-Manteaux; de M. Suquet, curé de Sainte-Elisabeth, nous serons douze membres actifs et un membre honoraire : M. Cambier...

28 Mars.

Je reçois une bien douloureuse nouvelle par l'intermédiaire de ma sœur Marie. Elle m'écrit que notre pauvre A*** B*** vient de succomber, après avoir horriblement souffert d'une longue maladie et d'une agonie terrible. Notre sœur Elise est en proie au plus profond chagrin.

Malgré sa faiblesse, elle a soigné son mari jusqu'à la fin avec un dévouement infatigable. Pauvre sœur !... Puisse le bon Dieu lui donner la force et la consolation qui lui sont si nécessaires en ce moment !... Puisse-t-elle se consoler un peu à la chère espérance que son bienaimé ne souffre plus et qu'il a trouvé, dans le sein de Dieu, l'oubli de toutes les épreuves terrestres.

9 JUIN.

Jeudi dans l'Octave de la Pentecôte.

8 heures. — Première Communion des enfants de Sainte Elisabeth.

3 heures. — Réunion pour la Confirmation.

Nos ergo diligamus Deum quoniam ipse prior dilexit nos ... C'est par amour que Dieu nous a créés... qu'il nous a rachetés... qu'il nous nourrit de son Corps et de son Sang, de son Ame, de sa Divinité... Quand on croit à l'amour de Dieu, on croit facilement tous les mystères de la religion qui sont des mystères d'amour, l'Eucharistie en particulier par laquelle Jésus-Christ reste avec nous... s'immole pour nous... s'incorpore à nous pour nous unir, par son humanité sainte, à Dieu son Père... O comme dans cette lumière projetée par l'amour divin, on comprend le prix et l'étendue de la prière du Sauveur : Notre Père... cette prière est la réponse complète du cœur de l'homme reconnaissant aux avances de l'amour de Dieu...

Mgr Richard, assisté de M. de Courcy, a donné le soir, à 4 h. 1/2, la Confirmation à nos chers enfants. Après leur avoir fait réciter les prières prescrites par le pontifical, il leur a fait remarquer comment, par ces prières, l'Eglise témoigne de son apostolicité et de sa divinité, comment, par conséquent, il importe à tous les chrétiens de rester toujours en communion avec l'Eglise, toujours fidèles à ses enseignements et

à ses pratiques s'ils veulent rester fidèles
à Dieu...

22 Juin.

Je relis les discours de Bourdaloue
sur le Saint Sacrement, son grand discours pour la Fête-Dieu, (à la fin des
Mystères) et son Octave du Saint Sacrement. Quelle belle exposition de la
nature de la Fête-Dieu et des devoirs
qu'elle nous impose envers Notre-Seigneur présent dans la sainte Eucharistie,
hôte de l'homme dans l'Eucharistie...
victime de l'homme, nourriture des
âmes !... Je n'ai rien pu faire de mieux,
en prêchant aujourd'hui dans la chapelle
des Bénédictines du Temple, rue Tour-
nefort, que de m'inspirer de la doctrine
du grand orateur pour exposer à mes
auditeurs quelques-uns de leurs devoirs
envers le Saint Sacrement...

31 Juillet.

Je suis revenu mercredi dernier de mes vacances qui ont duré du 27 Juin au 27 Juillet. J'ai profité de ce mois de congé, pour faire, en compagnie de M. l'abbé Leveillay, vicaire à Saint-Jacques du Haut-Pas, un voyage en Irlande. J'ai vu avec plaisir Dublin, Cork, Glengariff, Killornay, Limérik et enfin, en Angleterre : Southampton, Winchester, Oxford, le collège Sainte-Marie dirigé par M. le Docteur Crookalt et M. l'abbé Rivière, et Londres... Les ecclésiastiques irlandais, l'Evêque de Cork en particulier, m'ont comblé de prévenances. Leurs écoles, leurs hôpitaux, toutes leurs œuvres, en un mot, m'ont ravi...

1882

13 Janvier.

Je viens de dire quelques mots à la confrérie de Sacré-Cœur. Que pouvais-je souhaiter de mieux aux chers associés, en commençant cette nouvelle année, que de continuer à vivre en compagnie de Jésus et de Marie? De Jésus, le Roi du ciel et de la terre... enfant de la crêche adoré par les Bergers et par les Mages, persécuté par l'hypocrite Hérode, glorifié par les Saints Innocents... De Jésus, l'adolescent, le jeune homme de Nazareth, le fils respectueux et soumis, l'ouvrier humble, vaillant, religieux... en attendant qu'il fut le Prédicateur de la bonne nouvelle, le Docteur du monde, le Thaumaturge charitable, le Sauveur des hommes par l'effusion de son Sang... En compagnie aussi de Marie, la vierge fidèle, la vierge Mère... la douce et silencieuse auditrice du Sauveur : *Maria autem conservabat omnia.*

Quelle source de pures joies dans une telle vie !... Quelle préparation à la béatitude céleste ! Oh oui ! vivons tous les jours avec Jésus et Marie, étudions ces divins modèles, goûtons, aimons, pratiquons assidûment leurs leçons, et nous passerons en faisant le bien et en méritant la couronne éternelle... Amen.

Demain, 8me anniversaire de la mort de ma mère au Chambon... *Requiescat in pace*, pauvre chère âme qui m'appris à connaître et à aimer le bon Dieu !...

1882

Hier, à 4 heures du soir, expirait M. D***
entre les bras de ses trois filles, Jeanne,
Marguerite et Louise, et de son fils Ga-
briel, sous les yeux attendris d'une sœur
de charité et de moi, son vieil ami, qui
venais de lui donner une dernière absolution. Mes relations avec lui remontaient aux premières années de mon
ministère à Saint-Germain l'Auxerrois...
Ce cher ami, ce bon père, cet excellent
chrétien, ce membre si dévoué des con-
férences de Saint-Vincent de Paul, cet
homme modeste, si apprécié par M. G***
dont il dirigeait le notariat depuis longtemps, ce Fabricien de Saint-Merry
dont M. le Curé de cette paroisse me
disait hier tout le mérite, s'est éteint de
la mort des Justes, après une maladie
de 9 jours, muni des Sacrements de
l'Eglise, laissant sa famille et tous ses
amis désolés de sa perte, mais consolés

par la pensée qu'il n'a quitté la terre que pour aller au ciel. Il était âgé seulement de 62 ans. Dieu l'a rappelé à lui pour le récompenser de ses vertus. Il lui a épargné les ennuis de la vieillesse, et même la douleur de la séparation d'avec les siens qu'il aimait tant, sa maladie lui ayant ôté, presque dès le début, l'usage de la raison... Puissent son fils et ses gendres comprendre à la vue de son cercueil, le prix d'une religieuse et sainte vie ! Pour moi, je demande bien instamment au bon Dieu de vivre et de mourir comme celui que je pleure maintenant, mais que je retrouverai, je l'espère, au ciel... *Moriatur anima mea morte Justorum.*

24 Février
Ier *Vendredi du Carême. — Fête de Saint Mathias.*

Le souvenir de ce Saint est étroitement lié à celui de Judas dont il fut le successeur. Demandons à

Dieu la grâce d'éviter le sort de Judas en marchant toujours sur les traces de saint Mathias. Obéissons, comme lui, à la foi. Pratiquons l'humilité chrétienne. Sacrifions-nous à la cause de Jésus-Christ jusqu'à la mort... soyons Apôtres par le bon exemple.

28 Février.

Mardi, après ma messe de 9 heures, j'ai commencé mes instructions du Carême... J'ai choisi, cette année, les Sacrements, sujet très intéressant et très pratique. J'ai traité les questions préliminaires de la nature, du nombre, des effets, des sujets, des ministres, des cérémonies des Sacrements...

14 Mars.

Lundi, à 9 heures, pèlerinage avec M. de Maubeuge, M. Billiet et quelques paroissiens à l'église de Saint-Joseph... Après l'Evangile, j'interromps la messe pour écouter les recommandations de M. Sibon, curé de Saint-Joseph et pour adresser moi-même quelques mots aux assistants : *Ite ad Joseph...* C'était le roi d'Égypte qui répondait par ces paroles à son peuple affamé qui lui demandait du pain... *Ite ad Joseph*, c'est la parole que le grand Roi du ciel et de la terre nous adresse aujourd'hui. Joseph, le saint Epoux de la Bienheureuse Vierge Marie, le fidèle gardien de Jésus, le dépositaire scrupuleux du secret de l'Incarnation nous donnera, si nous voulons le prendre : 1° le pain du bon exemple, 2° le pain de sa protection et de sa prière, maintenant et surtout à l'heure de notre mort.

20 AVRIL.

Jeudi, à 11 heures du soir, M. Boiteux, second père pour moi, l'ami dévoué de toute ma famille, le prêtre humble, charitable, prudent, aimable, le vrai fils de M. Olier, s'est éteint, dans les bras du Seigneur, à l'âge de 79 ans, au Séminaire de Saint-Sulpice..,

22 AVRIL.

A 10 heures, j'ai prié de toute mon âme, les larmes dans les yeux et surtout dans le cœur, pour notre cher défunt que nous avons conduit à sa dernière demeure, Joseph et moi, à la suite des Directeurs de Saint-Sulpice, des Séminaristes et des amis accourus en grand nombre pour assister à la messe des funérailles célébrée, dans la chapelle de Saint-Sulpice, par M. Icard.

24 AVRIL.
Lundi.

Madame Boiteux, belle-sœur du vénéré défunt, est venue me voir à la sacristie de Sainte-Elisabeth avec sa fille, Mlle Marthe. Elle m'ont beaucoup engagé à aller passer une partie de mes vacances à Châteauvieux où je retrouverai le souvenir toujours vivant de notre cher père et ami.

20 Mai.

A 10 heures, je chante la messe d'enterrement de notre président du Conseil de Fabrique M. J. Jaudin, juge d'instruction à la Cour de Paris... M. Jaudin était un chrétien convaincu et pratiquant, très dévoué à l'église et à ses devoirs professionnels. — Il est mort, après une courte maladie, à l'âge de 68 ans. Sa première parole, quand il se sentit mortellement atteint, fut pour demander son confesseur, M. l'abbé D***, premier vicaire de la paroisse. Il avait communié le dimanche du Bon Pasteur avec sa femme et son fils. « Je vous remercie, M. l'abbé » dit-il à M. D***, après avoir reçu l'Extrême-Onction. Son agonie a duré quelques heures. Que je serais heureux si tous mes paroissiens mouraient aussi saintement que cet homme de bien ! Il faut songer maintenant à le remplacer. Je prie le bon Dieu de [nous faire trouver un fabricien intelligent et dévoué comme lui...

31 Mai.

Clôture du mois de Marie, prêchée par le P. Chapotin, dominicain. Couronnement de la très sainte Vierge reconnue solennellement par Dieu comme la plus sainte des créatures, comme sa mère, comme la Reine du ciel et de la terre... *Nos ergo veneremur, amemus, serviamus, imitemur Mariam...*
Maria, dulce nomen Matris !

5 Juin.

Aujourd'hui, à 10 heures, chez les Frères de Saint-Jean de Dieu, est succombé après quatre jours de maladie, l'abbé Lagarde, vicaire général. Cette mort a été cruelle pour ses parents et ses amis, mais précieuse pour lui. Car il a fini sa vie comme les justes et il se repose maintenant de ses saintes fatigues.

9 Juin.

A 10 heures, à Notre-Dame de Paris, messe d'enterrement de l'abbé Lagarde chantée par M. Gindre, archidiacre de Saint-Denis, assisté de M. Rossignol, curé de Belleville et de M. Dumont, curé de Levallois-Perret — Assistance nombreuse. — Absoute donnée par Son Eminence, le cardinal Guibert, assisté de Mgr de Larisse, de Mgr Maret, de Mgr Coullié, de Mgr de Babylone, de Mgr de Hiéropolis, de Mgr de Forges, de Mgr Lamazou.

Des trois secrétaires de Mgr Sibour, l'abbé Lagarde, l'abbé de Cuttoli et moi... il ne reste donc plus que moi... A quoi le bon Dieu me destine-t-il ?... Chers amis, qui m'avez précédé dans la tombe et, je l'espère, au ciel, souvenez-vous de moi auprès de Dieu et obtenez-moi la grâce de remplir fidèlement la tâche qu'il m'a imposée.

15 Juin.

Je célèbre, à 8 heures, la sainte Messe dans la chapelle de l'Institution de Sainte-Croix, à Neuilly, sur la demande du Directeur M. l'abbé Pourtier, qui veut, par là, me procurer la douce joie de faire faire la première communion aux élèves de sa maison, au nombre desquels se trouve le fils de mon frère Joseph.

Ces chers enfants, ravissants de candeur et de piété, sont confirmés à 9 heures 1/2 par Mgr Lecourtier, archevêque de Sébaste, qui leur adresse une charmante allocution sur la force chrétienne, don du Saint-Esprit, qu'il leur apporte.

A 1 heure 1/2 petites Vêpres du Saint

Sacrement. Procession dans les cours. —
Rénovation des promesses du baptême
avant la procession. Consécration à la
sainte Vierge, par l'abbé Cantel. prédicateur de la retraite.

3 Juillet.

Je reviens de Saint-Pierre de Chaillot
où a été célébré le service funèbre de
M. l'abbé Charles, curé de cette paroisse,
mort à Bayonne, chez sa nièce, lundi
dernier. 26 Juin, après une courte maladie. M. Charles était mon ami depuis
1865, époque où il était premier vicaire
de Saint-Eustache et où j'étais, moi, second vicaire. C'est lui qui avait préparé
les mariages de Paul et de Joseph avec
les filles de M. S***. Il aimait à nous réunir à sa table, à nous parler de ses œuvres, à nous entretenir de ses projets
d'écoles, d'église, d'ouvroirs... J'avais
dîné chez lui, le 14 Mai dernier, avec
Joseph et Paul, l'abbé Quignard, et quel-

ques autres ecclésiastiques... Et, tout à coup, sans savoir même qu'il fût malade, j'apprends par son sacristain, le fidèle Jean-Marie, qu'il vient de mourir à Bayonne, à 10 heures 1/2 du matin d'une fièvre typhoïde. Cette nouvelle a été un rude coup pour moi... Voilà donc un ami, un bon prêtre, un excellent curé de moins !... et un deuil de plus ajouté à celui de M. D***, de M. Boiteux, de M. Lagarde... Mgr Coullié, évêque d'Orléans, assistait à la messe célébrée par M. Legrand curé de Saint-Germain l'Auxerrois, et a donné l'absoute. J'étais en qualité de chanoine, à côté du catafalque, avec M. le curé de Notre-Dame de Bonne-Nouvelle, et deux autres curés de Paris. Son corps est resté à Bayonne... j'espère que son âme est au ciel... Il a fait, à Grenelle et à Chaillot, pendant les 14 années qu'il a passées dans ces deux paroisses, beaucoup de bien. Il a créé, en particulier, à Chaillot, l'œuvre des ateliers chrétiens, la maison des Sœurs de la Sagesse et l'école des Frères... Il aurait bien désiré construire une belle et grande église en remplacement de la petite église de Chaillot... Dieu ne lui a pas donné le temps de réaliser ce vœu. Il a voulu lui épargner, peut-être, des embarras, des ennuis, des tourments tels que ceux que l'hostilité de nos ennemis nous prépare sans doute... Que son saint Nom soit béni et que sa très sainte volonté soit faite... Mais pour moi, que je vive et que je meure, comme mes chers et saints amis, en me sanctifiant et en faisant le bien...

Amen.

28 Juillet.

Je reçois une bien affectueuse lettre de ma sœur Marie qui m'exprime tout son bonheur de savoir que je vais partir prochainement pour les Alpes, Ville-franche, Saint-Etienne et Bas. Elle a invité notre pauvre sœur Elise à venir chez elle pour s'y trouver lors de mon passage. Il paraît que la petite Marthe est un peu fatiguée. Quant à Charles il jouit grandement de ses vacances qui lui ont permis de revenir à la maison paternelle, près de ses chers parents, et de se reposer des fatigues de l'année scolaire. Combien je serai heureux de les revoir tous en bonne santé !

A Villefranche, ma bonne sœur Joséphine et son mari m'attendent, aussi, impatiemment. Je me propose de passer d'heureux moments avec eux et mes chers neveu et nièce, Ernest et Paule.

6 Aout.

A 10 heures, installation de M. B*** comme Fabricien de Sainte-Elisabeth, en remplacement de M. Jaudin décédé.

Au prône de la grand'messe, j'aurai à dire quelques mots à ce sujet et à faire l'éloge de notre ancien et regretté président...

en exprimant la confiance que son successeur fera revivre sa mémoire par son assiduité aux offices, ses bons conseils et l'administration temporelle de l'église. Ceci m'amènera à parler des réparations et des ornementations qui ont été faites à Sainte-Elisabeth depuis 3 ans: réparation de la toiture et de la façade, hélas incomplète... construction d'une seconde sacristie ou d'un cabinet de réception pour M. le Curé, pour la confession des infirmes... réparation de l'orgue, agrandissement de la tribune, achèvement du buffet. A tous ces travaux, il faut ajouter la réparation des lustres, girandoles. Enfin, les cordes vont être remplacées, prochainement, par des câbles en cuivre doré... etc.

Bref, autant que nos ressources nous l'ont permis, nous nous sommes efforcés de rendre la maison du Seigneur plus digne de son Hôte divin. Les fidèles ne doivent pas trouver mal employé l'argent ainsi dépensé. Ils se

rappellent l'exemple de Moïse et
d'Aaron dans le désert (tabernacle), de
David et de Salomon (temple de Jérusalem), de Zorobabel, de Jésus et
d'Esdras (deuxième temple) ; de Notre-
Seigneur, lui-même, approuvant la
profusion des parfums de Marie Madeleine, voulant que sa première église,
le Cénacle, fut magnifiquement orné...
Aussi, messieurs de la Fabrique espè-
rent-ils que les fidèles loueront leurs
intelligentes et saintes dépenses et les
aideront à les couvrir par leurs riches
offrandes (quêtes). Pour moi je ne
puis que m'associer à ces désirs de
nos chers Fabriciens, mais je souhaite
surtout que les paroissiens s'affection-
nent, de plus en plus, à leur église
qu'ils doivent regarder comme un autre
Thabor, comme le portique du ciel...
Ils y trouvent, en effet, Jésus-Christ,
transfiguré, non plus dans la gloire,
mais dans la personne de ses ministres
qui prêchent son Evangile (*ipsum*

audite ; qui vos audit, me audit.) qui l'engendrent sur l'autel où ils l'offrent en sacrifice à Dieu son Père, pour les vivants et pour les morts, qui distribuent son Corps et son Sang à la Table Sainte, qui baptisent, confirment, absolvent, marient en son nom... Aimez donc chèrement votre église... venez y souvent, conduits comme saint Pierre, saint Jacques et saint Jean sur le Thabor, par l'esprit de Jésus... venez y détester vos péchés, comme le publicain de l'Evangile... dites avec saint Pierre : *Bonum est nos hic esse.* Ici avec nos frères : *quam bonum et quam jucundum habitare fratres in unum...* louant Dieu, lui demandant ses grâces... en union avec Jésus-Christ vivant dans l'Eucharistie. Amen.

7 Aout.

Retraite à la villa Manrèze, à Clamart. — Semaine de bénédiction spirituelle. — Le bon religieux, (le P. de H***) nous a réellement parlé avec toute l'abondance de son cœur plein d'amour pour Dieu, pour Jésus-Christ, pour la très sainte Vierge, et pour l'Eglise... Oh! que je voudrais être toujours aussi pénétré du sentiment de la présence de Dieu que je l'ai été pendant cette semaine !... J'ai pris la résolution de bien faire mon oraison. Cette oraison du matin renferme en principe toutes les grâces d'une sainte journée.

29 Septembre.

Je suis rentré avant hier soir, à 6 h. 1/2 de mes vacances, un peu fatigué et enrhumé, mais bien consolé d'avoir pu visiter successivement à Saint-Etienne Madame V***; à Bas, Marie et sa famille avec Elise et sa pauvre petite Marthe; à Villefranche, Joséphine et sa famille; à Belmont la tombe du pauvre et cher abbé Castelbou; à Cette, l'ingénieur du

port, M. Batard et sa mère; à Avignon, monsieur le chanoine Giraud qui m'a conduit à la fontaine de Vaucluse et qui m'a fait voir les curiosités de la ville, le château des Papes, la promenade du rocher, le musée, à Digne Mgr Meirieu, dont j'ai reçu, sans doute, la dernière bénédiction, car il est bien vraisemblablement près de sa fin, MM. Blanc et Mathieu les grands vicaires de Mgr Vigne, M. l'abbé Grimaldi et son père receveur des postes; à S***, Hippolyte et la famille; à Noyers, Marcel, sa mère, sa sœur Ambroisine et leurs enfants; à L***, Alfred, Daniel, Flavien, Gustave, Henriette; à S***, Albin, Me Marie, Charles, Eugène, son petit-fils; au Bourget du Lac, Sainte R*** sa femme, Marie, Léon, la famille L***, le curé... Enfin, à Châtillon-sur-Seine, M^e C*** et toute sa famille, Emile...
Deo Gratias.

1882

6 Octobre.

Les ordres religieux contemplatifs ont
pour mission de représenter et de continuer la vie cachée de mortification et de
prière de Notre-Seigneur. Chose étrange!
Sur 33 ans que Jésus-Christ a passés
sur la terre, il n'en a consacré que trois
aux fonctions de son ministère public; et,
encore, pendant ces trois ans, que d'heures dérobées à la prédication et à la guérison des malades, et consacrées à la pénitence et à la prière solitaire !... Les
chrétiens sont obligés de vivre dans le
commerce du monde... Les prêtres,
eux-mêmes, ne peuvent pas se dispen-
ser d'un certain commerce mondain.
Seuls, les religieux contemplatifs : Chartreux, Camaldules, Carmélites, n'ont
plus d'autre occupation, ici-bas, que de
louer Dieu, de prier, de se mortifier...
Leur vie est vraiment cachée en Dieu
avec Jésus-Christ. Ce sont encore des

hommes, mais des hommes célestes…
ou, si l'on veut, des Anges terrestres. Ils
ont choisi la meilleure part qui ne leur
sera pas enlevée… Ils commencent la
vie éternelle du ciel qui consiste dans
l'union de l'esprit et du cœur avec Dieu.
Heureuse vie ! le monde ne la comprend
pas, la méprise peut-être… Mais le
monde est aveugle.

Ces réflexions me sont suggérées par
la fête de saint Bruno, le fondateur des
Chartreux… Nommer ce Saint, c'est se
représenter la prière, le recueillement,
la mortification, l'union avec Dieu,
sous la forme humaine. La statue de
saint Bruno, qui est dans le vestibule de
l'église Sainte-Marie-des-Anges, à Rome,
rappelle admirablement toutes ces
vertus.

3o Octobre.

Je viens de recevoir de M. Schel-
tien, mon ancien curé, les bonnes et
affectueuses lignes qui suivent :

1882

Cher Monsieur le Curé et vieil ami,

Vous ne m'aimez donc plus ? Comme
cela me ferait de la peine ! Tous les
jours j'apprends à vous aimer davantage... Je ne vais pas vous porter
moi-même mon invitation pour la Saint-
Eustache, à 6 heures du soir, dimanche
prochain. Je garde la chambre depuis
jeudi, un rhumatisme me sert de plan-
ton et il est raide sur sa consigne. Mais
vous ne pouvez manquer d'assister à
notre réunion de famille. N'ayez pas
le moindre doute sur ma vieille et
reconnaissante amitié.

5 Novembre.

A la messe de dix heures, j'ai expliqué
l'évangile du Dimanche dans le sens de
la fête de la Toussaint et de l'Octave
des morts... Si nous prions pour les
défunts qui sont en état de grâce, nous

pouvons obtenir, en leur faveur, la continuation des prodiges de guérison et de résurrection accomplis par le divin Maître, durant le cours de sa vie mortelle... Hémorroïsse guérie... résurrection de la fille de Jaïre. *Non est mortua puella, sed dormit...* Comment les âmes du Purgatoire savent-elles que nous prions pour elles ? Les Saints qui sont dans le ciel connaissent tout ce qui nous intéresse, et ce qui les intéresse en nous, par le Verbe de Dieu dont la lumière les pénètre et les béatifie. Pour les âmes du Purgatoire, elles savent ce que nous faisons pour elles par le ministère des Anges. Ainsi il y a l'ange gardien (histoire de Tobie). — L'ange de la famille (histoire de Lot). — L'ange de la demeure (sortons d'ici, disaient les anges en quittant le temple de Jérusalem) — L'ange de la patrie (combat entre l'ange des Perses et l'ange des Juifs). — L'ange de l'humanité (Doctrine de saint Thomas l'ange du soleil... de la terre) — Enfin, l'ange de l'agonie qui suit l'âme au tribunal de Dieu et en Purgatoire.

La charité, qui nous unit à Dieu, nous unit à toutes les créatures de Dieu, aux Saints du ciel, aux hommes de la terre, aux âmes du Purgatoire. C'est la charité qui nous fait prier pour ces dernières, et hâter, par la réversibilité de nos mérites sur elles, l'heureux moment de leur délivrance. C'est elle aussi qui nous porte à gagner pour elles les indulgences plénières, partielles... attachées à certains jours, à certaines prières, à certains lieux. — Enfin le saint Sacrifice de la Messe, l'extension du sacrifice du Calvaire en tous temps et en tous lieux... Ce sacrifice qui adore Dieu comme il convient à Dieu d'être adoré... qui rend grâce à Dieu comme Dieu le mérite... qui expie le péché... qui implore ses faveurs... Ce sacrifice, prédit et chanté par les prophètes, est entre nos mains offrons-le bien souvent pour nos chers défunts. En lui sont réunis tous les mérites des prières les mieux faites, des mortifications, des aumônes, et des indulgences du plus grand prix.

19 Novembre.
Fête patronale de sainte Elisabeth.

Quête pour les écoles chrétiennes de la paroisse.— A 10 heures, grand'messe par Mgr Bellouino, évêque d'Hiéropolis.— A 3 heures, vêpres pontificales... M. l'abbé Fretté prononce le panégyrique de la sainte. Elle a aimé Dieu et le prochain de tout son cœur; Dieu a récompensé son amour en l'associant ici-bas aux souffrances de son divin Fils et en lui donnant, après cette épreuve, la couronne de la glorieuse Eternité...

A 6 h. 1/2 j'ai réuni, dans des agapes fraternelles, mon clergé, MM. les curés de Saint-Nicolas-des-Champs, de Saint-Jean-Saint-François, de Saint-Eustache. M. le Prédicateur et mon conseil de Fabrique. L'évêque présidait... qu'il est bon, qu'il est doux pour des frères de vivre dans l'union...

27 Novembre

Je viens de voir dans une revue, la correspondance de Chateaubriand avec Joubert, l'auteur sympathique des pensées. J'ai relu son voyage en Italie publié sous forme de lettres soit à Joubert, soit à M. Fontane. Je vais m'endormir en rêvant à cette Italie que j'ai eu le bonheur d'habiter jadis et aux chers amis que j'ai connus à Rome, avec lesquels j'ai fait le voyage de Naples et d'Amalfi, et dont la plupart, hélas ! ont quitté ce monde, tandis que les autres, comme moi, penchent du côté où les rêves finissent et où la réalité commence. *Beati mortui qui in Domino moriuntur.*

10 Décembre.
Fête de l'Immaculée Conception.

A 10 heures, je chante la grand'messe. Le soir, je préside l'exercice de la con-

4

frérie de la sainte Vierge. Quatre jeunes filles nouvellement inscrites sont reçues dans la confrérie et lisent leur acte de consécration à Marie. Je bénis leurs médailles et les leur remets, puis je leur adresse une courte allocution. Je les félicite de l'acte qu'elles viennent d'accomplir, c'est un acte important dans leur vie. Elles s'engagent, en présence de toute la paroisse qui a les yeux fixés sur elles, à marcher sous la bannière de la très sainte Vierge, à suivre fidèlement les exercices de la confrérie, à rester plus dévouées que jamais à leurs devoirs de chrétiennes, non seulement à l'église, mais dans leur famille et dans toutes leurs relations. Ce n'est pas à la légère qu'elles viennent de se consacrer à Marie. C'est après y avoir réfléchi devant Dieu, après avoir prié, demandé conseil, calculé l'étendue des nouveaux devoirs qu'elles contractent. La paroisse est heureuse de voir la confrérie se déve-

lopper. Elle sait qu'une bonne et sainte
confrérie est une source de joie pour le
ciel et d'édification pour l'Église. Elle
voit, dans toutes ces jeunes filles, de
précieux modèles de vertu qui serviront,
comme le sel et la lumière dont parle
l'Évangile, à instruire et à moraliser
beaucoup d'âmes... O Marie Immaculée,
gardez-les dans l'amour de votre divin
Fils! Anges du ciel, qui commencez à
tresser leur couronne, attendez, pour
la leur offrir, qu'elles aient parcouru
une longue carrière, toute remplie de
bonnes œuvres...

24 DÉCEMBRE.

La fête de Noël est la fête de la joie...
Mais notre joie doit venir des pensées
de la foi, de l'espérance du salut, de
l'amour de Dieu.

25 DÉCEMBRE
Noël.

La fête de minuit serait bien belle si

tous ceux qui y assistent étaient de
vrais chrétiens, animés par la foi et la
charité, répondant à la venue du Verbe
fait chair, par la ferveur de leur reconnaissance et la générosité de leur
amour; si, comme les bergers, ils écou-
taient humblement la parole d'en haut;
s'ils venaient, comme eux, à Bethléem
adorer, bénir, aimer le divin Enfant de
la crèche!... Pour éviter les incon-
vénients qui se sont produits cette nuit,
à Sainte Elisabeth, il serait peut-être
utile de fermer l'église à 11 heures et de
la rouvrir seulement pour la sortie,
après la messe.

27 Décembre.
Fête de Saint Jean l'Evangéliste.

Quelle intelligence et quelle délicatesse dans le choix des Saints que
l'Eglise place le plus près de la
crèche de Jésus-Christ! Saint Etienne
le premier des martyrs, saint Jean le

disciple bien-aimé, les saints Innocents.

Saint Jean est, à juste titre, le modèle du prêtre. Pourquoi Jésus-Christ
a-t-il aimé particulièrement saint Jean ?
Pourquoi lui a-t-il permis de reposer sa
tête sur sa poitrine? Pourquoi lui a-t-il
confié, en mourant, la garde et le soin
de sa très sainte Mère?

Parce que saint Jean était vierge...
Jésus-Christ conçu, par l'opération du
Saint-Esprit, dans le sein d'une vierge,
né d'une mère vierge, confié à la garde
du saint patriarche Joseph vierge, ne
pouvait aimer d'un amour de préférence
et de dilection qu'un disciple vierge,
qu'une âme uniquement embrasée de
l'amour de Dieu, qu'un cœur à jamais
fermé aux émotions de l'amour humain,
source de tant de folles inquiétudes, de
tant de misères et quelquefois de crimes.
La virginité de saint Jean, voilà la
véritable raison de la prédilection de
Jésus pour lui... C'est parce qu'il était,

vierge qu'il en a fait son ami... qu'il lui a communiqué ses divins secrets... qu'il lui a confié sa mère... qu'il a prolongé sa vie jusqu'à l'extrême vieillesse, pour en faire, plus longtemps, le témoin vivant et le prédicateur dévoué de sa doctrine et de sa charité. Aussi saint Jean doit-il être regardé comme le modèle et le patron spécial des prêtres. Les prêtres que Jésus-Christ choisit pour ses amis de prédilection, parce qu'ils doivent être vierges... auquels il confie ce qu'il a de plus cher, son Evangile... son corps mystique, les âmes... son corps naturel, l'Eucharistie... Les prêtres, comme saint Jean, doivent donc vivre uniquement de vérité et de charité. Ces deux choses sont l'aliment des âmes vierges, parce que la vérité et la charité sont Dieu. *Deus est veritas... Deus est charitas...*

O saint Jean, priez pour moi afin que je réponde à la grâce de ma vocation au sacerdoce par une vie entièrement consacrée à Dieu, vérité et charité, à Dieu connu et aimé pour lui-même, à Dieu aimé et servi dans ses créatures. Amen.

31 Décembre.

Depuis quelques jours de nombreuses lettres me sont arrivées d'Alger, de Bas, de Villefranche, de Chorges, de S..., m'apportant les vœux et souhaits de bonne année, quelquefois naïfs et toujours sincères, j'aime à le croire, de mes frères, de mes sœurs, beau-frères et belle-sœurs, neveux et nièces, grands et petits ; ces derniers sont heureux comme on l'est à leur âge lorsque vient cette époque de l'année. Que Dieu les bénisse tous !... et qu'il exauce les vœux ardents par lesquels j'ai déjà répondu aux leurs, avant de les recevoir.

1883

7 Janvier.

Dimanche de l'Epiphanie. Fête des Dames de charité de Sainte-Elisabeth qui rendent le pain bénit et viennent à l'offrande.

8 Janvier.

Lundi à 3 heures, pélerinage de la paroisse à Saint-Etienne-du-Mont, au tombeau de sainte-Geneviève...

21 Janvier.

Le bon et excellent abbé J.-J. Le Clercq (de Saint-Sulpice) m'a envoyé, ces jours derniers, un petit colis dont il fait l'histoire, avec la fine ironie qu'il se plait souvent à employer : Vénéré et très cher Curé, un petit colis venant d'Amiens a dû, ces jours derniers, s'abattre bêtement chez vous. En effet, c'était, ou ça avait été une bête, une des moins intelligentes et des meilleures bêtes, n'est-ce pas presque toujours comme cela ?

Avant de passer à l'état de recluse, elle avait pris ses ébats dans ma cour, se dandidant de ça et de là... Les belles plumes qui luisaient sur ses flancs ! le doux et abondant édredon qui châtoyait sur son cou moins long, mais plus argenté qu'un cou de cygne !

Eh! bien ! quand toutes ces plumes se changeraient en plumes à écrire, en plumes d'oie, elles seraient usées avant d'avoir tracé, sur le papier, tous les vœux et tous les pieux souhaits que je forme, toute la tendre, affectueuse, dévouée et presque dévote affection que j'éprouve pour l'aimable et vénérable aîné de tous les S***, le chef, le *père et l'oncle* (je ne manque pas, par ici, de neveux et de nièces qui s'efforcent de me faire croire que c'est la même chose) de toute cette Smala chrétienne et bénie...

26 Janvier.

Nous venons de célébrer, à Sainte-Elisabeth, les belles fêtes, de l'Adoration perpétuelle... La première nuit a été passée (du Lundi 22 au Mardi 23) par les associés de l'adoration nocturne... la deuxième par les messieurs de la société de saint Vincent de Paul, la troisième par les chers frères de l'école.

— L'autel, surmonté des gradins, était brillamment illuminé, orné de plantes naturelles fournies par le fleuriste de la

Fabrique, et de belles fleurs artificielles.

— L'abbé Valet, aumônier de la Roche-foucauld, a prêché les trois soirs après les Vêpres du Saint Sacrement... le premier soir, sur l'excellence de la présence réelle de Notre-Seigneur... le deuxième soir, sur la sainte Communion... le troisième, sur l'action de grâces.

Les enfants des écoles sont venus faire leur adoration; les garçons à 10 heures, les filles à 1 h. 1/2, le jeudi.

La procession qui a terminé les exercices était composée de beaucoup d'hommes. M. Guédon, curé de Saint-Ambroise, portait le Saint Sacrement.

O Jésus, nous vous adorons et nous vous aimerons toujours. Faites-nous la grâce de vous gagner beaucoup d'âmes et rendez-nous vos fidèles imitateurs.

4 Février.

Dimanche de la Quinquagésime — Fête de la Purification de la sainte Vierge.

A 10 heures, je bénis les cierges et je constate que plusieurs fidèles en ont apportés pour les faire bénir et les emporter chez eux. Puis je chante la Messe. Après les Vêpres et le salut, je préside la réunion annuelle des confréries du Saint Sacrement et du Sacré-Cœur dans la chapelle des Catéchismes. M. l'abbé Dupuis expose la situation spirituelle et matérielle de ces deux confréries — M. le curé parle ensuite.

7 Février

Mercredi des cendres. Memento, homo...

L'Eglise fait bien de nous répéter cette parole... nous sommes si facilement oublieux de nos éternelles destinées. O mon Dieu ! réveillez aujourd'hui si vivement en moi le souvenir de mon origine et de ma fin dernière que je ne l'oublie plus à l'avenir... Que votre parole soit la loi de mon esprit, l'amour de mon cœur, la règle de ma vie...

1883

8 Février.

A 9 heures, je dis la sainte Messe
dans l'oratoire des Sœurs de Saint-André.
Quelle grâce pour leur maison !... O
Jésus qui aimez si tendrement les enfants,
bénissez l'école que nous avons fondée
pour eux...

7 Mai.

Avant-hier m'arrive de Bas la foudro-
yante nouvelle de la mort de mon beau
frère G***. La veille, Ernestine avait
reçu une lettre de Marie, annonçant que
Théo était atteint d'une fluxion de poitrine et qu'elle le voyait très malade..
Ma sœur R*** et son mari qui ont passé
avec moi près d'un mois sont partis
pour Saint-Etienne dimanche soir... Ils
ont dû assister à l'enterrement de ce
pauvre Théo, mardi à 10 heures. J'attends
une lettre de Marie. Puisse-t-elle m'ap-

prendre que ce cher ami s'est reconnu avant sa mort, qu'il a pu communier et recevoir les derniers sacrements.

Et maintenant, que va devenir sa pauvre jeune femme chargée de trois enfants, isolée dans un pays où elle ne rencontre que contradictions et difficultés du côté des parents de son mari?

Peut-être ferait-elle bien de venir se fixer auprès de moi et se dévouer à mes œuvres de charité, tout en prenant soin de ses enfants... Je confie ce projet au cœur intelligent et dévoué de la très sainte Vierge, mère des pauvres orphelins... *Monstra te esse matrem...*

13 Mai.

Joséphine m'écrit que notre sœur Marie est véritablement une femme admirable. Elle a fait preuve d'un courage héroïque auprès du cher malade, ne quittant pas un seul instant son chevet, lui faisant remplir ses devoirs pendant

qu'il avait encore toute sa connaissance;
et, depuis sa mort, s'occupant encore de
tout et de tous, consolant, elle-même, ses
chers enfants dont le chagrin est profond.

17 Mai.
Jeudi.

Première Communion.

42 garçons et 73 filles, en tout 115
premiers Communiants. Soleil splendide — Cérémonie très pieuse — *Mane
nobiscum, Domine.* — O Jésus, qui avez
nourri cette jeunesse de votre corps et
de votre sang, restez avec elle par votre
esprit, afin qu'elle grandisse dans l'honneur et la vertu par la pratique du bien
surnaturel...

A 4 h. 20, Mgr. Richard, coadjuteur
du vénérable cardinal, vient à Sainte-
Elisabeth donner à nos chers enfants le
sacrement de Confimartion.

1883

13 Octobre.

J'ai passé mes vacances (Août et
Septembre) sur les bords de la mer, à
Grand-Camp, en compagnie de mon beau-
frère et de ma sœur A. V***; de mon
frère Paul et de sa famille, accrue de
celle de Madame B***; de Versailles, pendant quelques semaines de Mme S*** et de
sa nièce... J'ai fait la connaissance
d'un prêtre bien respectable dans la
personne de M. l'abbé Roussel, curé de
Grand'Camp depuis plus de 25 ans...
Son vicaire, l'abbé de Neuville est un
religieux prémontré expulsé de Sommer-
ville, près Caen... Le jour de l'Adoration
perpétuelle, j'ai diné avec les curés voisins, excepté celui de Maisy. Le 28 ou
29e jour d'Août, j'ai baptisé en mer le
bâteau (Alfred) appartenant à de braves marins qui m'ont bien édifié par la
foi et la piété avec lesquelles ils ont
assisté à la cérémonie... Le 10 septembre,

je suis parti pour aller faire ma retraite à la Trappe de Bricquebec, non
loin de Valogne et de Carteret... J'ai
passé là près de cinq jours dans la solitude, le recueillement et la prière, bien
édifié par la vue de ces bons religieux
dont l'existence entière est consacrée à
louer et à servir Dieu... Je suis revenu
à Grand'Camp par Saint-Lô, où le supérieur du collège de l'Oratoire m'a offert
une cordiale hospitalité... par Coutance
dont j'ai admiré les trois églises— par
le mont Saint-Michel que j'ai revu avec
bonheur; enfin, par Avranches— Je suis
resté à Grand'Camp deux mois... Puissé-
je y avoir acquis un peu plus de santé
morale et physique, pour faire à Sainte-
Elisabeth l'œuvre de Dieu! Hélas! je me
sens d'une faiblesse extrême, et si le bon
Dieu ne me soutient, je ne sais ce que
je deviendrai. Mais il me soutiendra,
puisqu'il m'a donné cette charge, et j'espère que, fortifié par sa grâce, aidé par
les suffrages de Notre-Dame du Rosaire,

par ceux de Saint Denis et ses compagnons dont nous solennisons demain la mémoire, et enfin par les prières de tous les Saints, je suffirai à la tâche redoutable que j'ai entreprise. O mon Dieu, qu'il en soit ainsi pour votre honneur, pour mon salut, et pour celui de beaucoup d'âmes. Amen.

1er Novembre.

Pendant tous les jours du mois d'octobre, conformément à l'Encyclique de Léon XIII et au mandement de son Eminence, nous avons récité publiquement le chapelet à 8 heures du soir, en annonçant les divers mystères du Rosaire. Puisse la Très Sainte Vierge avoir eu pour agréable l'hommage de notre dévotion et nous obtenir toutes les grâces dont nous avons besoin !

— *La Toussaint.* C'est le jour du triomphe de la Sainteté couronnée, dans le ciel, sur le front des saints, et reconnue sur la terre. Soyons donc, ici-bas, les disciples de la Sainteté Connaissons ses lois et pratiquons ses préceptes; par là, nous pourrons espérer, véritablement obtenir sa récompense.

31 Décembre.

10 h. 3/4 du soir. — Encore quelques minutes et l'horloge du temps sonnera la nouvelle année 1884. Je demande très-humblement pardon à Dieu de tout le mal que j'ai fait pendant cette année qui s'achève, de tout le mal qu'ont pu faire mes paroissiens, mes parents, mes amis, tous les hommes… Si, du moins, nous savions mieux employer l'année qui va commencer !… Nous vous avons instamment demandé cette grâce, ô mon Dieu, par Notre Seigneur Jésus-Christ votre Fils, exposé sur l'autel, dans votre saint temple. Accordez-la nous, je vous en conjure, afin que nous soyons dignes d'être appelés vos enfants… O Sainte

Vierge Marie, notre mère de grâce, priez pour nous qui avons recours à vous. Sainte Elisabeth, notre chère patronne, priez aussi pour nous avec tous les Saints qui sont au ciel où nous espérons aller vous rejoindre un jour. Amen.

1884

9 Avril.

J'ai pris, pour thême de mes instructions du Carême qui s'écoule, car nous
sommes aujourd'hui à la veille du Jeudi-
Saint, l'explication des cérémonies de la
messe, pour faire suite à ce que je disais,
l'année dernière, sur l'Eucharistie considérée comme sacrifice. — J'ai traité successivement les questions relatives : 1°
aux lieux liturgiques; 2° aux autels ; 3°
aux ministres sacrés ; 4° aux vêtements;
5° aux calices, etc. — Si Dieu me prête
vie, il faudra, l'année prochaine, conti-

nuer ce beau sujet, et faire goûter aux fidèles la majesté et la douceur des prières et des diverses cérémonies dont se compose la liturgie sacrée. — Le Père F***, des frères Prêcheurs, a édifié ma paroisse pendant ce carême...

Puisse-t-il avoir réussi à donner aux âmes qui ont suivi ses sermons plus de foi et, surtout, plus d'amour envers Dieu, notre Créateur, notre Maître, notre Père, notre Sauveur!

12 Avril.
Samedi Saint,

Trois messes, à Sainte-Elisabeth, à 6 heures, à 8 heures, à 8 h. 1/2 précédée de l'office solennel. Cet office est fort beau; malheureusement, il est fait dans un trop petit espace de temps. Autrefois. il remplissait une grande partie du Samedi Saint et le peuple passait presque toute la nuit en prières.

1884

4 Juin.

Veille de la première Communion des chers petits enfants de Sainte-Elisabeth. L'abbé Outhenin-Chalandre, Directeur de l'œuvre de l'adoption, leur a prêché la retraite. Il a, je l'espère, banni de leur cœur l'amour du péché dont il leur a dépeint : 1° la malice horrible, 2° les affreuses conséquences qui sont la mort et les misères du temps, l'enfer et les tortures de l'éternité malheureuse. Puisse-t-il, surtout, leur avoir inspiré un désir ardent de faire une bonne, une fervente première Communion, bien différente de la sacrilège Communion de Judas et de la communion tiède de tant de pauvres enfants mal instruits, mal entourés, esclaves du respect humain et de mille autres passions...

J'espère que mes chers petits enfants auront fait de tout cœur l'acte de contrition aux pieds du divin Sauveur dont il

leur a offert à baiser l'image crucifiée !—
Et demain ? — oh ! qu'il n'y ait parmi
eux, ni Judas, ni âme tiède, mais seulement des cœurs remplis de bonne
volonté, des cœurs pleins d'amour comme
celui de Saint-Jean !... Avec quel bonheur, alors, Jésus reposera sur eux sa
tête adorable !... Comme ils seront
consolés, fortifiés, divinisés par sa
présence ! O Jésus, accomplissez ces
merveilles par votre grâce... Amen !—

7 Juin.

C'est demain, fête de la Sainte
Trinité, que je donnerai les cachets de
première Communion aux garçons,
après la messe de 8 heures, et aux filles
après la messe de une heure : aux uns et
aux autres je dirai la parole, en quelque
sorte sacramentelle, de la circonstance ;
" Recevez ce cachet de votre première
Communion avec respect et conservez-le

avec amour. Placez-le au chevet de votre lit. Regardez-le chaque jour, et chaque jour dites-lui en le considérant : Précieux souvenir, je te serai fidèle...
Vir fidelis multum laudabitur.

(PROV. XXVIII, 21)

Ce cachet vous rappelle le souvenir de tout ce qui fait votre honneur, votre joie, votre force; de tout ce qui prépare à vos familles, à la patrie, à l'Eglise, à vous-même, prospérité, félicité, sainteté, gloire éternelle, puisqu'il vous rappelle : Le Baptême, la Pénitence, la première Communion, la Confirmation...

23 Aout.

Le 29 Juin dernier, je suis, parti, à 10 heures du soir, pour prendre un mois de repos sur les bords de la mer, à Grand' Camp où je suis arrivé le 1er juillet, après avoir dit, le 30 Juin, la sainte messe à Caen, et le 1er Juillet, à Langrune. La

famille P**** m'a reçu très cordialement
et c'est avec plaisir que je l'ai revue.
M. le curé de Grand'Camp a paru heureux de mon retour dans sa paroisse et
m'a félicité beaucoup d'y avoir fait
l'acquisition de la maison Chrétien. Cette
maison entourée d'un jardin, défendue
contre les fureurs de la mer par le perré
du gouvernement, et contre la curiosité
des passants et des promeneurs par de
hauts et bons murs élevés par mon
prédécesseur, ressemble à un couvent
plutôt qu'à une villa. On s'y croirait,
facilement, dans une maison religieuse
et il n'y manque qu'une chapelle.

C'était réellement pour moi une véritable solitude avant que mon frère et sa
famille, ma sœur Ernestine et son mari
ne fussent venus l'habiter. Avec quel
charme je me promenais, le soir, dans
le jardin, au clair d'une belle lune, le
long des allées solitaires, à quelques pas
du vaste océan, récitant mes prières
et pensant à mes destinées éternelles !...

1884

J'ai quitté Grand'Camp et ma Thébaïde,
devenue la maison des familles réunies,
puisque les Paul, les R*** et les V*** s'y
sont donné un joyeux et fraternel rendez-
vous.

J'ai retrouvé Paris transformé en fournaise, et depuis cette époque, la chaleur
n'a guère cessé de se faire sentir tous
les jours. Le 10 et 11 Juillet, j'ai distribué,
dans une des grandes salles des magasins réunis, les récompenses aux enfants
de mes écoles, sous les yeux de nombreux parents et d'amis. Le Samedi 16,
j'ai assisté, hélas ! dans l'église de Saint-
Vincent de Paul, à l'enterrement de
M. l'abbé Cabrillé, pasteur de cette
paroisse, et membre bien-aimé de ma
conférence. Le Lundi suivant, nouveau
deuil. J'enterrais à Notre-Dame et au
Père-Lachaise, mon vieil ami M. Dedoue,
âgé de soixante-dix-huit ans, doyen du
chapitre de Paris...

Ce soir, où j'écris ces lignes, je me
prépare à célébrer demain, Dimanche,

la fête de saint Barthélémy, un des douze apôtres et des premiers martyrs de Notre-SeigneurJésus-Christ. Je le prie et je le prierai ardemment de réveiller en moi et en mes chers confrères l'esprit apostolique, c'est à dire l'esprit de prière et l'esprit de sacrifice. Je dirai à mes paroissiens de lui demander la grâce d'une foi plus soumise, plus ferme, plus généreuse, telle, par exemple, que celle qui brilla dans saint Louis roi de France, dont nous célébrons la fête Lundi et qui fut, sur le trône, non seulement le modèle des rois, par ses vertus magnanimes, mais encore celui des simples chrétiens, par sa candeur, son humilité et sa générosité. *Justus ex fide vivit.* Amen.

Du Ier AU 6 SEPTEMBRE.

Retraite au grand Séminaire
de Saint-Sulpice

« *Et recordatus est Petrus et egressus*
« *foras, flevit amare* »

« *Simon Joannis, amas me plus his?...*
« *pasce agnos meos* »

Je tâcherai, à l'exemple de Pierre, dont hélas! j'ai si tristement imité la conduite présomptueuse et la chute humiliante, de vivre jusqu'à la fin de ma vie, avec le *souvenir* vivant et efficace *des bontés de Dieu*, à mon égard, et des *miséricordieuses tendresses du cœur de Jésus pour moi...* Dieu a été bon pour moi!... Jésus-Christ m'aime!...

Oh! que j'ai besoin de me dire et de me redire cela tous les jours, à toute heure, à tout moment!... Ma pauvre âme est si abattue à la vue de ses péchés et de sa faiblesse, si découragée, parfois, en présence des obstacles de tout genre qui s'opposent au bien que je devrais, que je voudrais faire, en moi et autour de moi; si entraînée à la dérive par le courant des choses temporelles, si affaiblie par le contact des misères, avec lesquelles il faut passer ma vie... que j'ai le plus grand besoin de ne jamais perdre de vue la grandeur, la sainteté, la bonté surtout de Dieu, mon Créateur, ma Providence, mon Père, mon Maître, mon Ami, mon Tout. « *Domine, ad quem ibimus?...* » O Jésus, Verbe incarné, soyez-moi miséricordieux comme vous le fûtes à saint Pierre. Regardez-moi du haut du Ciel, du fond de votre tabernacle. Parlez à mon cœur, dites-moi que vous m'avez pardonné et que je peux et que je dois vous témoigner ma reconnaissance et mon amour en vous servant fidèlement, dans la personne de mes chers paroissiens. « *Pasce Agnos* ».

5 Septembre.
Vendredi.

Méditation sur l'agonie de Notre-Seigneur.

« *Cœpit Jesus mœstus esse... et pavere et tœdere...* »

O Jésus, quel amour vous avez eu pour moi, si sujet à m'attrister de ma condition, à avoir peur de la maladie, des persécutions, de la mort et de ses suites, si sujet à tomber dans l'ennui, la langueur, le dégoût, et le découragement... Quel amour vous avez eu pour moi, en consentant à souffrir ce triple supplice d'une âme humaine, la tristesse poignante, la peur si humiliante, l'ennui si accablant.

O Jésus, je vous adore et vous adorerai de plus en plus, en contemplant la douleur de votre sainte âme tombant en agonie au jardin des Oliviers, abîmée devant votre Père Céleste dont la justice s'apesantissait sur vous, *l'innocente* victime de mes péchés... « *Qui peccatum* « *non feceras, pro me peccatum effectus et pænam peccati in hoc mundo portasti. O amor!... Dilexit me et tradidit semetipsum pro me.* »

Et, dans cet amour, quelle leçon!

Vous m'enseignez, ô Jésus, comment je dois me conduire dans le temps de la désolation. Alors je dois plus que jamais

1º Rester fidèle à mes habitudes de piété. « *Et hymno dicto exierunt in montem Oliveti, secundum consuetudinem;* »

2º Prier en gémissant « *Factus in agoniâ prolixius orabat, secundum sermonem dicens;* »

3º Aller demander des consolations à mon père spirituel, à des amis sûrs, mieux trempés que moi, et jamais à des âmes faibles, tendres, dévouées peut-être, mais amolissantes;

4º Après cette recherche légitime des consolations, que je recevrai toujours, sinon auprès des hommes, du moins auprès de Notre-Seigneur présent dans son Eucharistie, *agir avec vigueur et, sans goût, me remettre au travail.*

Surgite… eamus… Amen.

Sanctificamini qui fertis vasa Domini.

Il faut que la sainteté habite dans mon âme de prêtre.

1º *Par la foi pratique,* lumière de mon esprit, règle de tous mes jugements et de toutes mes déterminations. En tout et, partout, me ressouvenir des leçons et des paroles de Jésus-Christ. Avoir présent à l'esprit cette règle des saints : « Que dirait, ou que ferait Jésus-Christ s'il était à ma place ?...

Mais pour cela *lire habituellement* la Sainte Ecriture, *méditer l'Évangile*, lire *la vie des Saints*, les meilleurs commentateurs ou, plutôt, les commentaires vivants de l'Evangile.

2° *Par la charité*, envers Dieu et envers le prochain. « *Diliges Dominum Deum tuum et proximum sicut teipsum* »

3° *Par la mortification*, gardienne de la chasteté.

4° *Par l'humilité, la religion*, en un mot, par toutes les vertus.

6

1885

Notre excellent Ami, le docteur A*** m'écrit ces quelques lignes à la hâte. Mon cher Abbé, ma femme est par trop gravement malade. — Je voudrais bien que vous vinssiez prendre, ce matin, de bonne heure, une consultation pour votre gastralgie.

Ce me serait une occasion de remplir auprès de celle que j'aime tant, depuis 46 ans, mes devoirs de chrétien catholique et d'honnête père de famille...

O Jésus plein de miséricorde! assistez, dans cette douloureuse épreuve, une famille qui nous a toujours porté tant d'affection et témoigné un si sincère et si constant dévouement !

7 Février.

Samedi. — Veille de la Sexagésime et de la solennité, au chœur, de la Purification de la Sainte Vierge.

Il est onze heures du soir. Le calme qui règne autour de moi m'invite à la prière et à la réflexion. Qu'il fait bon, après les agitations de la journée, se recueillir ainsi, penser à Dieu, chercher à s'élever dans les régions supérieures où Notre Seigneur Jésus Christ vit au sein de la gloire et du bonheur, environné de ses Anges et de ses élus !... Demain, je chanterai la Grand'Messe après avoir béni les cierges et fait la procession autour de l'église. Le soir, je présiderai, à la sortie des Vêpres, la réunion générale des confréries de la paroisse : Confrérie des Messieurs du Saint-Sacrement — Confrérie du Sacré-Cœur — Confrérie de la Sainte-Vierge — Confrérie de la Bonne-Mort — Que leur dirai-je ? — La lecture du rapport qui doit être faite par M. L. Duflot, membre si zélé de Saint Vincent de Paul et associé des Confréries du Saint Sacrement, du Sacré-Cœur et de la Bonne-Mort, m'offrira le thème de mon discours. J'aurai certainement à féliciter l'Assemblée de son dévouement, de son assiduité aux exercices, de sa libéralité pour accroître les ressources nécessaires à l'ornementation des chapelles et aux frais du Culte ; mais je devrai, surtout, encourager les assistants à la persévérance, les inviter à faire une sainte propagande, à vivre, de plus en plus, *en apôtres* au milieu du monde actuel si rempli de ténèbres, si livré au mal.....

1885

26 Mars.

Je viens d'administrer, dans ma maison,
le Docteur C***, (fils de M. C***, l'ancien trésorier de ma fabrique.) Il est
très gravement malade, mais plein de
connaissance, de foi et de sainte résignation. C'est lui qui m'a fait demander ce
matin. Il a communié, après s'être con-
fessé, et s'est uni très pieusement aux
prières de l'Extrême-onction. Sa vie est
entre les mains du bon Dieu qui, mieux
que nous, sait jusqu'à quel moment il
doit la lui conserver dans son intérêt,
dans celui de sa femme et de son jeune
enfant, de nous tous...

10 h. 3/4 du soir. Je viens de recevoir son dernier soupir. Il est mort doucement quand j'achevais de réciter les
prières des agonisants... Elle est partie, cette âme, qui, ce matin, a reçu
Jésus-Christ dans l'Eucharistie. Elle est
arrivée heureusement, je l'espère, dans

le sein de Dieu qui l'attendait !...

Ainsi soit-il !

2 Avril.
Jeudi Saint.

Le 30 mars, à 10 h. 1/2 du soir, j'ai reçu le dernier soupir de M. l'abbé Billiet, un de mes vicaires, excellent prêtre que j'avais administré le matin même, et qui meurt à l'âge de 49 ans, après une vie toute employée au service de Dieu et au bien des âmes. Mes paroissiens qui le voyaient à l'œuvre depuis 8 ans, et qui l'appréciaient beaucoup, ceux, surtout, dont les enfants ont suivi les catéchismes sous sa direction, regrettent profondément ce bon Prêtre et prient Dieu de le récompenser au centuple.

28 Mai.

9 h. 3/4 du soir, Mgr Belouino qui a confirmé, à 4 heures, les petits en-

fants de Sainte-Elisabeth, l'abbé Quignard, prédicateur de la retraite de la première Communion, le P. Mavel, prédicateur du mois de Marie, MM. Dupuis, de Maubeuge, Chastel, Gillot, mes vicaires, MM. Sendra, Carruelle, Alessandro, Prêtres habitués de la paroisse, viennent de se retirer d'ici où ils ont dîné, à 6 heures, après les belles cérémonies de la première Communion et de la Confirmation. Je reste seul sous le poids de cette grande et solennelle journée. Pauvres et chers Enfants !... Ils étaient, environ, deux cents premiers Communiants. Ils paraissaient heureux. La grâce de Dieu resplendissait vraiment sur ces fronts de 12 ans. L'Eglise était remplie de leurs parents et de leurs amis. Demain, à 9 heures, ils viendront renouveler les promesses de leur baptême et se consacrer à la Sainte-Vierge. Pourquoi ne persévèreraient-ils pas ? Pourquoi quitteraient-ils, le service du bon Dieu qui les a comblés de biens, qui les a fait grandir dans la connaissance et l'amour de la vérité et de la justice, qui se les est unis par les liens d'une amitié ineffable, liens de l'adoption en Notre Seigneur, liens de la filiation divine, de la prédestination à la vie de la grâce et de la gloire ? O mon Dieu, ô vous qui êtes le Père de Notre Seigneur Jésus-Christ, gardez ces enfants dans votre saint amour. O Jésus, qui êtes leur Créateur, leur Rédempteur, leur frère par l'adoption divine et par notre nature que vous avez prise en Adam dans le sein de la bienheureuse Vierge Marie, Jésus, leur aimable et dévoué pasteur, qui les avez nourris de votre doctrine et de vos exemples, qui aujourd'hui les avez, ô merveille de votre amour, engraissés de votre substance, embellis des dons de votre Saint Esprit, que vous avez envoyé visiter leurs âmes et graver en eux un caractère inéffaçable, ô mon bon Maître, ô mon Dieu, exaucez ce soir la prière que moi, votre véritable quoique bien indigne représentant auprès deux, je vous adresse pour eux tous. Conservez-les dans votre connaissance et dans votre amour, et que nous nous retrouvions un jour tous ensemble dans votre sainte gloire et votre bonheur éternel ! Amen, amen.

16 Aout

Je suis revenu de Grand'Camp où j'ai passé quelques semaines de vacances, le jeudi 6 Août. Depuis cette époque, j'ai repris ma vie habituelle à Sainte-Elisabeth. J'ai distribué, mardi et mercredi dernier, des récompenses de fin d'année aux enfants des écoles de la paroisse. J'ai célébré, hier, la fête de l'Assomption, et, aujourd'hui, le dimanche commémoratif du vœu de Louis XIII. L'abbé Génier, vicaire à Saint-Eustache, a préché sur l'Assomption un sermon intéressant, dont la conclusion était celle-ci: Marie est au ciel en corps et en âme; elle est couronnée reine des Anges et des hommes; donc il faut l'honorer d'un culte d'honneur supérieur à celui qui est dû aux autres saints; il faut la prier avec la plus tendre confiance; il faut se rendre digne de sa protection par une fidèle imitation de ses vertus.

Aout
Retraite de Saint-Sulpice.

La grâce de Dieu m'a doucement et vivement touché pendant ces saints jours. Elle m'a fait comprendre qu'il n'y a pour moi de paix, de bonheur, en ce monde et en l'autre, qu'à la condition d'être un prêtre fervent: « *Spiritu ferventes.* » Malheur, (me dit-elle au fond de ma conscience) malheur à toi, si tu ne vis pas en saint prêtre, dégagé de toute affection aux choses de la terre, et uniquement dévoué aux intérêts de la gloire de Dieu et du salut des âmes!... Malheur à toi, si tu préfères les aises, les commodités, les douceurs et les joies de la vie, à la contrainte, aux ennuis, aux peines, aux dégouts, aux sacrifices de ton saint état!... Regarde bien, (*ajoute-t-elle,*) ton divin modèle, Jésus, ton Dieu fait homme, Jésus, souverain prêtre, Jésus, ton Sauveur, ton Père, ton frère, ton ami, Jésus, ta victime au saint autel, Jésus, qui sera un jour ton juge pour te récompenser ou te punir éternellement... Regarde-le bien, considère-le dans sa crèche, à Nazareth, dans sa vie apostolique, au milieu de ses souffrances, dans son Eglise qui reproduit son enseignement et ses exemples : « *Inspice, et fac secundum exemplar quod monstratum est tibi in monte.* »

Renouvelons en conséquence, ô mon âme, toutes nos résolutions antérieures, mais souvenons-nous bien que la première de toutes doit-être celle de ne jamais perdre courage à la vue de mes manquements. Quand j'aurai failli à quelqu'une de mes résolutions, je m'humilierai immédiatement devant Dieu et je m'appliquerai aussitôt à mieux faire. *Fiat! Fiat!...*

25 Novembre.
Fête de Sainte Catherine.

Pourquoi n'ai-je rien écrit sur mon cahier depuis si longtemps? Hélas! c'est faute de temps et non faute de désir. Je me lève à 6 h. 1/2 habituellement et je me couche à 10 h. 1/2. Eh bien! mes heures s'écoulent, chaque jour, avec une rapidité vraiment vertigineuse. Prière obligée, sainte Messe, visites actives et passives ont bientôt rempli tout l'intervalle de mes journées. Du moins, mon Dieu, ne permettez pas que je perde aucun des moments précieux qui les composent. Pourvu qu'ils soient tous dépensés à votre gloire et au salut des âmes, qu'importe que mon cahier n'en offre aucune trace ? Ne sont-ils pas heureusement écrits dans le livre de votre éternité ? Ah ! faites, Seigneur, qu'ils soient tous dignes de figurer au beau recto de mon avoir et du triomphe de votre grâce en ma pauvre et misérable personne.

1er Décembre,

Je bénis le mariage de Mlle Madeleine P***, (dont j'avais administré le père mort il y a quelques années) avec son cousin. Le clergé de Sainte-Elisabeth tout entier, M. le Curé de Saint-Cloud, ami de la famille maternelle de la mariée et d'autres amis, en grand nombre assistaient à cette belle cérémonie. Le catéchisme de persévérance comptait parmi ses enfants les plus intelligentes et les plus dévouées Madeleine P***. Puisse-t-elle être heureuse à jamais ! C'est le vœu et la prière que j'adresse à Dieu de tout cœur aujourd'hui.

Je me suis occupé des vitraux que la ville veut rendre à Sainte-Elisabeth. Ils sont dans les magasins de la ville, boulevard Morland 17, en compagnie de peintures et de statues ayant appartenu autrefois à Notre-Dame et à d'autres établissements publics.

Avant d'aller m'entretenir de cette affaire avec M. M. R*** et M***, chefs de service d'architecture, j'ai visité, rue Charles V, une pauvre sœur garde-malade, paralysée sans espoir de guérison. La supérieure de la communauté m'a fait faire connaissance avec un père de l'Oratoire, directeur ou professeur à l'école Massillon et qui habite actuellement à la maison de la rue d'Orsel. C'est un méridional. Il a connu mon vicaire, M. Gillot, à Juilly, au collège de l'Oratoire. Il m'a donné des nouvelles du R. P. Petetot qui dit sa messe, malgré ses 85 ans, et semble refleurir dans son imposante vieillesse...

J'ai causé quelques instants avec les bonnes sœurs, réunies pour travailler ensemble dans la salle commune, du bonheur que nous goûterons un jour dans le ciel quand nous y serons introduits en corps et en âme, après la résurrection.

Le soir, à 6 h. 1/2, j'ai dîné chez moi en compagnie de Mme V*** mère, de ses enfants, c'est ainsi qu'elle appelle Amédée et Ernestine, d'Elise et d'Hippolyte. Avant d'aller me coucher j'ai pu entendre la lecture que ma sœur Elise a eu la bonté de me faire du sixième chapi're de la vie de saint Dominique par Lacordaire. Quels temps! et quels hommes que ceux du moyen âge!... L'examen d'histoire qu'avaient à subir à l'Archevêché, cette année-ci, les jeunes prêtres du diocèse, roulait précisément sur l'époque qui s'écoule depuis saint Grégoire VII jusqu'à Clément V. J'ai eu occasion de revoir les grandes et belles figures de Grégoire VII, Calixte II, Innocent II, Alexandre III, Innocent III, Grégoire IX, Grégoire X, Boniface VIII; celles des saints : Norbert, Bernard, Dominique, François d'Assise, Thomas, Bonaventure, et des rois comme saint Louis et des saintes comme sainte Elisabeth, et puis les Croisades dont l'histoire remplit deux siècles. Enfin j'ai étudié le mouvement littéraire, philosophique et théologique de l'époque qui m'a vivement intéressé.

2 Décembre.

L'homme propose et Dieu dispose. Je m'étais proposé d'aller voir, à Ecouen, notre petite pensionnaire Paule R***, et Dieu ne l'a pas permis. Je me suis trompé de train : j'ai été visiter des amis à Enghien : je suis rentré, avec Elise, à Paris ; nous sommes allés faire notre prière à l'Eglise du Sacré-Cœur de Montmartre d'où je suis redescendu chez une pauvre jeune fille malade, mademoiselle S***, et chez une bonne et excellente paroissienne, Mme Pierre R***. J'irai donc à Ecouen un autre jour, s'il plait à Dieu.

Ier DÉCEMBRE.

Je transcris dans ce cahier, pour m'encourager à mieux travailler une autre fois, quelques passages des lettres de félicitations et de remercîments que j'ai reçues, pendant le cours de cette année, au sujet de ma traduction du Père Ostwald.

« Le Père Ostwald m'était inconnu. Merci du volume et de l'exemple que vous nous donnez, à nous prêtres du diocèse de Paris, en trouvant encore du temps pour travailler... » Biel, Directeur. Grand Séminaire de Saint-Sulpice.

« Remercîments et félicitations pour avoir mis entre nos mains un livre qui pourra être utile à un grand nombre, joignant à la solidité de la doctrine l'intérêt d'un récit attrayant. »

Le Rebours, Curé de la Madeleine.

« Je suis très sensible à l'honneur que

vous m'avez fait en m'envoyant l'ouvrage que vous venez de livrer au public, et je vous remercie de votre extrême bonté... Si j'en juge par quelques coups d'œil jetés à droite et à gauche il doit être on ne peut plus intéressant. » Pelgé, vicaire général. Paris.

« Cher Monsieur le Curé, vous me donnez une double joie : savoir que vous ne m'avez point oublié et avoir en mains un livre utile à tant de pauvres âmes. Je vous envoie une approbation qui vous dira le prix que j'attache au livre et à la lecture... Priez pour votre vieux confrère dont la charge devient accablante... » Louis, Évêque d'Annecy »

« Cher M. le curé, j'ai tenu à connaître votre ouvrage avant de vous remercier de me l'avoir envoyé. Je n'ai pas été, en agissant ainsi, très correct, peut-être : mais, par là, je me suis mis, du moins, en état de vous dire non seulement que je suis très touché de l'hommage que vous avez bien voulu me faire, mais encore que j'ai trouvé, à lire les cinq cent trente cinq pages dont se compose votre livre si doctrinal, un intérêt et un plaisir continus. Je vous suis donc deux fois reconnaissant. » L. F. L. Caussanel.

« Quoique souvent interrompue contre mon gré, la lecture du Père Ostwald m'a vivement interessé. Elle a été, chaque fois que je l'ai reprise, une halte intellectuelle très désirée. J'ai apprécié l'exposé si net des questions controversées entre catholiques et protestants, la manière dont le sens de nos dogmes, dénaturés par les Anglicans, est rétabli, et dont leurs préjugés contre le culte catholique sont redressés, enfin, la. réfutation si claire des erreurs enseignées par la Réforme... Si cet ouvrage n'est qu'une simple traduction, la pensée devenue toute française sous le vêtement qui la recouvre, ne permettait guère de le supposer... » X, Tétrel.

« Merci de votre précieux envoi. Merci plus encore d'avoir doté la littérature française de ce chef-d'œuvre de traduction. Nulle part dans vos pages on ne sent l'effort... tout coule de source ; il semble véritablement que le français ait été le moule de la pensée originale. J'ajouterai que vous avez appliqué votre beau talent de traducteur à une œuvre fort intéressante pour la piété chrétienne... » R. P. Lerosey, Directeur du Grand Séminaire de Saint-Sulpice.

« Votre bon souvenir, cher M. le curé, m'arrive ce matin : laissez-moi vous en remercier. J'avais entendu parler du livre : Le Père Ostwald, et on m'avait engagé à le recommander. C'est pour moi une véritable bonne fortune de le recevoir de votre main et traduit par vous. L'examen rapide auquel je me suis livré pendant les heures de loisir que me fait ce Dimanche me donne la persuasion que cet ouvrage sera très utile, surtout dans les pays mixtes. Vous savez qu'une partie de mon diocèse est dans cette condition. J'aurai donc double motif pour le recommander. Encore une fois merci !... » Joseph, Archevêque de Besançon.

1886

3 Janvier.

Je devrais peut-être récapituler ici les
divers évènements qui ont marqué, pour
moi, l'année qui vient de finir. Mais à
quoi bon revenir sur ce qui n'est plus ?
J'aime bien mieux m'humilier devant
Dieu, en face de mon crucifix et aux
pieds de la très sainte Vierge, ma mère
de grâce ; demander pardon de mes fautes et supplier mon unique Maître, mon
Créateur, mon Rédempteur, mon Juge et
Rémunérateur suprême, d'avoir encore
pitié de moi. Que cette nouvelle année,

commencée au milieu de tant de tristes-
ses, de larmes, d'appréhensions, ne se
passe pas sans joie ni sans consolation
pour toutes les âmes qui me portent,
réellement, trop d'intérêt et qui me pla-
cent beaucoup trop haut dans leur estime. On a fait courir le bruit que j'allais
quitter Sainte-Élisabeth pour l'évêché de
Tarentaise. Cette nouvelle a causé,
autour de moi, une grande agitation.
Comme elle ne se confirme heureusement
pas, l'agitation paraît un peu se calmer.
Bientôt, je l'espère, tout sera apaisé et ma
pauvre vie reprendra son cours habituel.
O mon Dieu, laissez-moi dans ma médiocrité: Conservez-moi la pureté d'intention et la simplicité de votre divin Fils.
Loin de moi toute pensée d'ambition
terrestre. Je suis déjà bien trop honoré
d'être placé à la tête d'une paroisse de
Paris!

Dans quelques instants je vais me rendre en pélerinage, avec mes chers paroissiens, au tombeau de sainte Geneviève,

en l'église de Saint-Étienne du Mont.
Puisse l'humble bergère de Nanterre,
l'illustre triomphatrice d'Attila, accueillir
favorablement nos prières et nous obtenir de Dieu la grâce que nous demandons
dans l'oraison de sa fête : l'esprit d'intelligence et l'esprit d'amour, l'intelligence
complète de nos devoirs, l'amour généreux et persévérant de la vertu.   Amen.

10 Janvier.

Dimanche dans l'octave de l'Épiphanie.

Au chœur, fête solennelle de l'Épiphanie. Les dames de charité de la paroisse
célèbrent, pour la cinquième fois, leur
fête patronale. Qu'elles ont raison de se
grouper autour du Verbe fait chair, de
l'agneau de Dieu exposé sur l'autel, du
centre et du foyer de la divine charité!...
Qu'elles lui offrent donc l'or pur de leur
sainte dilection, l'encens embaumé de
leurs humbles prières, la myrrhe précieuse de leurs bonnes œuvres. Et moi,

pasteur bien indigne et bien indigent de toutes ces âmes, n'ai-je pas le droit de compter sur leur généreux concours? Que puis-je tout seul pour secourir tant de misères physiques et morales? Ah! qu'elles s'unissent de plus en plus à mes efforts! Qu'elles exercent, autour d'elles, comme une contagion salutaire; que Jésus-Christ voie leur nombre s'accroître et que par elles, messagères de la charité, les pauvres de ce quartier, si nombreux et si chers à son cœur, soient visités, consolés, secourus chaque jour davantage!

21 Février.
Dimanche de la Septuagésime.

J'ai installé aujourd'hui M. l'abbé Guillon en qualité de second vicaire en remplacement de M. l'abbé de Maubeuge, nommé dernièrement chapelain de Notre-Dame des Victoires.

L'abbé Guillon a 37 ans, et depuis douze années exerce les fonctions du saint ministère à Passy où il jouit de l'estime de tous les paroissiens... Il m'apportera, je l'espère, un concours intelligent, modeste, pieux et ferme. Il règlera ses convois avec sagesse, à la satisfaction des familles qui entreront en rapports avec lui et de la Fabrique dont il saura soutenir les intérêts. Puisse-t-il réussir dans ses catéchismes de persévérance et de première Communion qui sont si importants et si nécessaires ! J'ai recommandé, ce matin, à mes chers paroissiens de l'accueillir avec autant de bienveillance que de respect...

Pour me délasser des travaux de cette journée j'ai lu et relu un discours de Bossuet, celui qu'il prononça devant la mère et l'épouse de Louis XIV à l'occasion de la vêture de Mlle de Bouillon. Quel bonheur d'écouter, à travers les années écoulées, la voix du grand orateur qui, tout mort qu'il est, parle si noblement de Dieu et du bonheur de ceux qui quittent tout pour le mieux servir...

1886

2 Mars.

J'ai béni, aujourd'hui, dans mon église
le mariage de Mlle de G***, avec M. D***.

L'église était presque remplie des parents et des amis de ces honorables
familles. Mme de G*** est dame de charité de Sainte-Elisabeth et a très religieusement élevé ses filles dont l'ainée,
mariée à M. P***, a eu la bonté de me
recevoir l'année dernière dans sa maison,
à mon passage au Hâvre.

Que le bon Dieu bénisse ces jeunes
époux comme nous l'en avons ardemment prié! Qu'il multiplie, par eux, la
race des vaillants chrétiens! Qu'il leur
accorde la grâce d'être aussi heureux
qu'on peut l'être dans ce monde où les
misères abondent et où le bonheur est
toujours si rare et jamais exempt de
toute douleur...

15 Mars.

J'ai dit ce matin, à 9 heures, la sainte Messe dans l'église de Saint-Joseph où M. l'abbé Sibon, curé de cette paroisse, m'avait prié de conduire mes paroissiens en pélerinage.

Après l'Evangile, j'ai pris la parole pour remercier mon cher confrère de son invitation qui nous procure l'heureuse occasion de resserrer les liens d'estime et d'amitié qui unissent les fidèles de Saint-Joseph et de Sainte-Elisabeth, en nous renouvelant dans la dévotion si douce et si fructueuse du glorieux Patron, non seulement de ce sanctuaire, mais encore de toute l'église. J'ai fait remarquer à mes auditeurs comment le culte de saint Joseph s'est développé au sein de l'Eglise catholique, et par quel concours de circonstances le Souverain Pontife, Pie IX, a été amené à proclamer saint Joseph patron de l'église universelle. Patron, c'est-à-dire intercesseur, défenseur, protecteur... — Et, de plus, modèle des chrétiens dans toutes les conditions... Par lui, nous aurons la douce société de Jésus et de Marie, l'assitance de l'exemple et des prières pendant la vie et surtout à l'heure de la mort...

25 AVRIL.
Le Saint-Jour de Pâques.

Comment douter de la résurrection de Notre-Seigneur ? N'est-ce pas le fait qui domine toute l'histoire évangélique? N'est-ce pas le fait attesté par Dieu même, dès l'instant qu'il s'est accompli?.. Témoignages du tombeau vide, des Anges, des saintes Femmes, des Apôtres, des gardes païens, des disciples chrétiens, de l'humanité toute entière baptisée par les Apôtres et leurs successeurs depuis dix-huit siècles. Oui, nous savons que Jésus est ressucité des morts. Nous le savons et nous le confessons de cœur et de bouche, et c'est dans cette foi que nous puisons toute notre confiance pour le temps et pour l'éternité.

21 Juin.
Lundi.

Huit jours sont déja écoulés depuis la retraite préparatoire à la première communion des enfants de ma paroisse... C'est l'abbé Ch. Vallet, deuxième vicaire de Saint-Georges, qui est venu évangéliser ces chers petits enfants. Il les a réellement captivés par sa belle voix, sa bonne prestance, ses paroles simples, mais énergiques et vibrantes. Nos enfants paraissaient bien joyeux dans leur recueillement et bien heureux jeudi dernier, quand, réunis sous les yeux de leurs parents et de leurs amis, dans la nef de Sainte-Élisabeth, ils allaient recevoir leur Dieu. — Que leur ai-je dit, cette année, avant de leur donner, le cœur ému et la main tremblante, le Corps adorable du Sauveur? — Sans doute ce que j'ai dit à leurs devanciers, aux petits enfants des autres années depuis 1880 savoir: que Dieu est bien bon de nous avoir donné l'Eucharistie, puisque nous retrouvons, en elle, Jésus-Christ notre Sauveur, aussi véritablement présent qu'il l'était à la crèche, à Nazareth, au milieu des campagnes de la Judée, au Cénacle, au Calvaire,,. Aussi grand, aussi puissant, aussi beau qu'il est au ciel, où saint Jean nous le montre, dans son Apocalypse, sous des images resplendissantes.

Donc, reconnaissance, louange, honneur, amour; que tous ces sentiments passent de notre cœur sur notre visage; qu'ils se traduisent par nos chants, par notre humble attitude à la Table sainte... qu'ils nous accompagnent partout, dans l'église, hors de l'église, dans la rue, au foyer domestique, à l'école... L'Eucharistie nous fait vivre de Dieu, c'est le pain des Anges, c'est la vie de notre

âme. Peut-on communier et n'être pas
brûlant d'amour pour Dieu et pour ses
frères? Ah! petits enfants, écoutez-bien
Jésus qui est sur l'autel et qui brûle de
se donner à vous... Confondez-vous
dans votre néant... Demandez-lui pardon de vos péchés... mais désirez sa
venue avec l'ardeur du cerf altéré qui
soupire après l'eau vive de la fontaine.
Quand vous l'aurez reçu, goutez les
douceurs de sa divine présence; unis-
sez-vous tendrement à lui, dites-lui que
s'il s'est donné à vous, vous vous donnez tout à lui... Priez-le pour vos
parents, pour votre mère, votre père,
vos maîtres, vos amis. Demandez-lui de
vous accorder la persévérance, car s'il
vient à vous, c'est pour vous aider à
vivre saintement, à marcher courageusement dans la voie du bien, à monter,
de vertus en vertus, jusqu'aux cimes les
plus élevées de la perfection en ce
monde, de la gloire et du bonheur dans
l'autre...

1886

Le soir, à 4 heures, Son Excellence le Nonce, Mgr di Rende, Archevêque de Bénévent, est venu leur donner la Confirmation. — Le vendredi matin, à 9 heures, je dis la messe d'actions de grâces, suivie de la rénovation des vœux du baptême et la consécration à la sainte Vierge. Je leur distribuai ensuite leurs cachets de première communion, en leur recommandant de nouveau la fidélité...

Détail touchant: parmi les enfants nouvellement confirmés se trouvait une vieille femme de 80 ans, que j'avais baptisée le lundi de la Pentecôte, après l'avoir préalablement instruite; car elle était Juive d'origine. Pauvre femme! autrefois riche et entourée d'enfants, seule aujourd'hui, elle est obligée de vivre de charité. Sa fille travaille pour l'aider et ne réussit que médiocrement à la rendre heureuse, mais elle a un fils dans le ciel, un fils qu'elle a perdu, il y a déjà longtemps, qui s'est converti de tout son cœur à la foi chrétienne, et qui lui a fait promettre en mourant de s'instruire et de se convertir à son tour. C'est ce qu'elle a fait, un peu tard à la vérité, mais du moins, je l'espère, avec autant de sincérité et de désintéressement que de connaissance et d'amour de Dieu.

23 Aout.
Lundi.

Retraite au Séminaire d'Issy.

M. Icard à qui je me suis adressé pour lui ouvrir mon cœur, m'a beaucoup engagé à la confiance envers Dieu. Il faut, à tout prix, que je laisse de côté la crainte exagérée de la justice divine, et que je considère, surtout, l'amour du bon Dieu, dans le cœur de Jésus. Je ne suis, à la vérité, que cendre et que poussière, infirmité et péché. Je traîne péniblement ma vie au milieu des difficultés paroissiales sans cesse renaissantes. Mais pourquoi me décourager? Dieu m'a placé comme une sentinelle à son poste, comme un soldat à son rang de bataille. Il sait ce qui me manque, il me viendra en aide. Courage donc et confiance, ô ma pauvre âme, songe à l'amour que Dieu a pour toi de toute éternité ; songe à ton Sauveur qui n'a vécu et n'est mort que pour sauver les pécheurs ; songe à la Très-Sainte-Vierge qui est la mère des pauvres pécheurs. Refais, ô mon cœur, refais ta vie en Jésus. O mon Dieu ! soyez beni de me montrer si bien la vanité de tout ce qui n'est pas vous. Donc, ô mon Jésus, ô mon Dieu et mon tout, j'irai à vous qui avez les paroles de la vie éternelle et je m'appliquerai, avec plus de soin et de persévérance, à vous étudier et à vous imiter.

Etudier Jésus !... Pour cela il faut devenir un homme d'oraison, lire et méditer l'Evangile ; lire et relire saint Paul, l'interprète des pensées et des sentiments de Jésus... Lire la vie des saints, qui sont les imitateurs de Jésus.

Mais étudier Jésus pour l'aimer de plus en plus...

« Domine, tu scis quia amo te... Amem te ardentius... Fac ut sequar te quocumque ieris. Da gratiam, omnia et per totam vitam meam fideliter ad implendi quæ ad gloriam Dei et salutem animarum pertinent. » Amen!

28 Aout.
Fête de saint Augustin.

Je viens de passer quatre jours en retraite au séminaire de Saint-Sulpice, à Issy. *O beata solitudo! o sola beatitudo!* J'ai retrouvé dans cette sainte maison, au milieu des frais parterres et du parc immense qui l'entoure, des sentiments de piété pleins de douceur. La vue du vénérable supérieur général, M. Icard, presque le seul survivant de tous ces hommes de bien qui furent mes maîtres, mes modèles, mes amis à Issy et à Paris, M, Gallais, M. Gosselin, M. Pinault, M.

Dugrais, M. Boiteux, M. de Courson, M. Carrière, M. Caval... la vue de M. Icard, de ce vieillard si jeune encore malgré ses 80 ans passés, si pieux, si pénétrant, m'a rappelé les souvenirs déjà bien lointains de ma jeunesse cléricale. Que de choses accomplies pour moi depuis mon entrée à Issy, en Novembre 1848, jusqu'à ce jour!... O mon Dieu, renouvelez, je vous en conjure, dans ma pauvre âme si froissée par le contact du monde depuis tant d'années, les sentiments de la foi la plus vive. Comme je comprends clairement, ce me semble, que la vie d'un prêtre doit être une vie de foi! *Sine fide impossibile est placere Deo...*

Mais la foi est un don de votre grâce. Je crie donc vers vous, Seigneur, et je ne cesserai de crier vers vous du fond de ma misère. *Credo, Domine, adjuva increduditatem meam...*

26 Décembre.

Dimanche soir, après Noël. La messe de minuit, à Sainte-Elisabeth, a été des plus édifiantes, grâce à la fermeture de l'église, 20 minutes avant minuit.

1887

1er Avril.

34e anniversaire de mon ordination sacerdotale à Rome, dans l'église Saint Jean de Latran. Quels souvenirs! que d'évènements, depuis ces trente quatre ans! que de chères âmes parties de ce monde!... et que de responsabilité acquise!... O mon Dieu pardonnez-moi tout ce que j'ai fait de mal... pardonnez-moi d'avoir compromis tant de bien par mon ignorance, mon imprudence, ma tiédeur, ma précipitation, que sais-je?... « *Parce mihi, ô custos hominum.* »

2 Juin.

Jeudi, après la Pentecôte. Jour de la première communion et de la confirmation des enfants de Sainte-Elisabeth. M. l'abbé Barbin, mon ancien vicaire, actuellement vicaire à Sainte-Marie des Batignolles, a prêché la retraite à plus de deux cents premiers communiants.

11 Juin.
Samedi.

Fête de saint Barnabé, 3me jour de l'octave du Saint-Sacrement. A Neuilly, dans la chapelle de l'Institution de sainte-Croix, première communion, et confirmation donnée par Mgr Bélouino à soixante-deux élèves, *inter quos* Georges S*** mon neveu. J'ai assisté à cette belle cérémonie. *Lauda Jerusalem Dominum...*

Ce soir, on a placé les trois autres verrières restaurées, (Saint Joseph, Saint Jean-Baptiste, Saint Jean l'Evangéliste aux trois fenêtres de la nef, du côté du nord, dans l'église Sainte-Elisabeth. *Domine, dilexi decorem domus tuæ..* L'année dernière, on avait placé les trois premières : La foi, l'espérance et la charité, au fond de l'abside. On a, cette année-ci, terminé la chapelle du Sacré-Cœur, et la belle statue du Sacré-

Cœur a pu y trouver une place honorable et liturgique.

14 Juin.

In propria venit et sui non receperunt.

C'est du verbe incarné, du Fils de Dieu, créateur du monde et fait homme pour sauver tous les hommes, c'est de Notre-Seigneur Jésus-Christ que saint Jean a dit ces étonnantes paroles. Eh! quoi, ô mon Sauveur! vous veniez parmi vos créatures comme un maître, comme un père, comme un frère, comme un ami; et vos créatures vous ont méconnu, maltraité, injurié, persécuté, crucifié?... Horreur!... Et votre cœur ne s'est pas brisé!...

Et vous pouvez encore aimer ces ingrats, ces révoltés, ces misérables... O bonté! ô charité! Que votre sainte âme a dû souffrir de ces outrages!... Comme je le sens à certaines piqûres d'amour propre, faites à mon cœur par des hommes prévenus contre moi, que je soupçonne, peut-être à tort, coupables d'ingratitude, de mépris ou d'indifférence à mon égard... — Silence, silence, mon cœur. Regarde Jésus cloué sur la croix. N'a-t-il pas passé sur la terre en faisant le bien ? Nest-ce pas lui qui, encore à cette heure, fait luire le soleil dans le ciel, qui verse la douce rosée sur la terre, qui maintient le dévouement de ses saints au milieu d'un monde pervers... Sache donc mourir à toi-même, mon pauvre cœur si sensible, trop sensible, trop délicat... *Abnega temet ipsum et tolle crucem tuam quotidie*... C'est difficile, mais c'est nécessaire. Il faut être patient jusqu'à la mort, si l'on veut triompher du mal par le bien.

25 Juin.

Demain, quatrième Dimanche après la Pentecôte, je dirai à mes paroissiens qu'ils doivent honorer : 1° La mémoire de saint Jean-Baptiste préconisé par Notre-Seigneur et appelé, par lui, le plus grand des enfants des hommes. 2° La mémoire de saint Pierre et de saint Paul dont nous allons célébrer la fête le 29 de ce mois... 3° Enfin que je les engage, à venir Jeudi 30 au pèlerinage du Sacré-Cœur, à Montmartre. J'y dirai la sainte messe pour la paroisse, en actions de grâces de tout ce que le bon Dieu a fait à Sainte-Elisabeth, depuis 8 ans : Œuvre des écoles... Restauration de l'Eglise...

Cor Jesu sacratissimum, miserere nobis... Discite a me quia mitis sum et humilis corde...

Nous vaincrons nos ennemis, comme les Apôtres, à l'aide de la prière et de la vertu... *Vince in bono malum...*

8 Septembre
Jeudi.

Je suis allé, ce soir, à Issy, achever de célébrer la fête de la Nativité de la

Sainte Vierge. J'y ai trouvé beaucoup d'ecclésiastiques venus, de toutes les paroisses, dans la même intention. M. Icard, Supérieur général de Saint-Sulpice a fait la lecture spirituelle et a parlé, avec son onction ordinaire et sa grâce charmante, de la fête qui nous réunissait. Il a rapproché ce que saint Augustin disait aux fidèles de son temps, au sujet de la Nativité de l'auguste Vierge, de ce que l'Eglise met sur nos lèvres dans l'office de ce jour. Ainsi, du temps de Saint Augustin, a t-il conclu, comme aujourd'hui, comme toujours, on s'est réjoui en célébrant l'anniversaire du jour béni de la naissance de Marie. C'est qu'en effet cette naissance était une source de joie pour le ciel et la terre, puisque Marie, naissant, apportait, en germe, le fils de Dieu Notre Seigneur Jésus-Christ l'auteur de notre salut, la source de toutes les grâces. Donc, soyons joyeux, saintement joyeux, à l'exemple de nos pères. Entonnons, sur le berceau de Marie, le cantique de la reconnaissance : « Béni soit Dieu d'avoir fait naître Marie pleine de grâce ». Félicitons-la d'être l'aurore qui précède le lever du soleil de justice. Joignons-nous à ses heureux parents, saint Joachim et sainte Anne, pour la contempler, avec ravissement, dans son petit berceau. Admirons en elle le chef-d'œuvre de l'Esprit Saint : pénétrons avec respect dans son cœur déjà tout enflammé de l'amour de Dieu. Prions-la de nous obtenir d'avoir un peu de son humilité, de sa charité, de son détachement des créatures, de son amour du sacrifice. En la vénérant comme la plus parfaite des créatures et comme la future mère du Verbe incarné et la mère, aussi, de l'humanité régénérée, témoignons-lui une confiance filiale, et méritons ses faveurs maternelles en nous efforçant d'imiter ses vertus. Amen.

Après le souper on est allé réciter 'Angelus à Lorette. L'allée du parc

était illuminée avec des lanternes véni-
tiennes, et la chapelle a été éclairée,
pendant le chant du Magnificat, avec
des feux de Bengale blancs et roses. Un
feu d'artifice a été tiré devant le jet
d'eau du parterre. Quand les deux dernières pièces ont montré, en lettres de
flammes, le monogramme de la Sainte-
Vierge : A. — M. — toutes les voix des
enfants de Saint-Sulpice ont entonné
l'*Ave, maris stella* sous l'émotion d'un
même sentiment, celui de la plus tendre
et de la plus respectueuse confiance.

30 Septembre.

Hier matin, à 5 h. 1/2, je suis rentré à
Paris de mon voyage à Pothières, à
Beaune, à Paray-le-Monial, à Saint-
Étienne, à Bas et à Chanteuge. J'ai revu
Émile et sa famille dans leur nouvelle
installation et renouvelé connaissance
avec l'excellent curé de Pothières. J'ai
pu prier de tout cœur et célébrer la

sainte messe à Paray, dans la chapelle de la Visitation. Je n'ai fait que serrer la main à Mme V*** mère, à Saint-Etienne. Mais j'ai passé trois bonnes journées en compagnie de mes sœurs Elise et Marie et de leurs enfants, à B***, après ma courte visite à notre cousine Laure R***, en religion mère Stanislas, au couvent du Sacré-Cœur de Marie, à Beaune. Elise a bien voulu me faire faire la connaissance de son neveu, M. le curé de Chanteuge. Je suis heureux d'avoir vu cet excellent prêtre dans son presbytère où il vit avec sa vieille mère. Ils m'ont reçu d'une manière on ne peut plus cordiale et fait promettre de revenir à Chanteuge l'année prochaine. Ils avaient invité, en notre honneur, plusieurs prêtres du voisinage et, parmi eux, le second vicaire de Saint-Martin à Paris, actuellement en vacances à Langeac. M. le curé de Saint-Arcon a eu la bonté de m'enmener, par un très joli chemin, le long de la Dige, à sa paroisse peu éloignée de Chanteuge, et m'a raconté sur place les divers incidents de l'horrible assassinat de son prédécesseur par un nommé Mallet, découvert trois mois après, jugé, condamné à mort et excuté au Puy en 1882, le jour même où je traversai cette ville avec ma sœur Marie pour aller voir les R*** à Villefranche. Le corps du bon prêtre assassiné, en haine de la religion, par l'homme qui était venu le chercher à 8 heures du soir, le 3 Janvier 1882, sous prétexte de le conduire auprès d'un malade expirant, le corps de ce martyr repose dans le cimetière de Saint-Arcon. J'ai tout lieu de le croire au ciel et je lui demande de prier pour que je sois, de plus en plus, animé de l'esprit de Dieu. M. l'abbé Beaune m'a dit ce soir, à mon retour, au sujet de ce vénérable prêtre, un détail que je veux noter ici. M. le curé défunt de Saint-Arcon avait reçu dans la journée du 3 Janvier, la visite du vicaire de Chanteuge. Au moment de se séparer de lui, et comme s'il eut le pressentiment de sa mort prochaine, il demanda à ce jeune prêtre de l'entendre en confession, quoi qu'il se confessât d'ordinaire au Curé de Chanteuge et qu'il dût aller le trouver le lendemain. Du reste, leur conversation n'avait roulé que sur des sujets funèbres. Mais qui leur aurait dit que la nuit ne s'écoulerait pas toute entière pour l'un deux, les aurait certainement bien surpris. Il faut donc être toujours prêt: Notre-Seigneur l'a déclaré; il viendra comme un voleur. Puissé-je, quand il frappera à ma porte, être aussi bien préparé que le curé de Saint-Arcon! Amen!...

24 Octobre.
Lundi. Fête de Saint-Raphaël.

Retraite du mois à Saint-Sulpice.

M. Icard s'inspire du souvenir des édifiantes vies de M. Carton, curé de Saint-Pierre de Montrouge et de M. Taillandier, curé de Saint-Augustin, décédés l'un et l'autre depuis peu de mois, pour nous exhorter à la pratique des vertus sacerdotales et pastorales dont ils ont, mille fois, donné des preuves touchantes: dévouement à toutes les œuvres de zèle; ardent amour de Notre-Seigneur, dévotion filiale à la sainte Vierge; désintéressement absolu dans l'exercice des fonctions sacrées: désintéressement non-seulement au point de vue de l'argent, mais encore au point de vue de la considération personnelle; c'est-à-dire abnégation complète de soi; c'est-à-dire amour de Dieu poussé jusqu'à l'oubli, jusqu'au mépris de soi-même.

Quand sera-ce, ô mon Dieu, que je vous aimerai de la sorte? que je n'aurai plus aucune prétention humaine? que je serai indifférent à l'estime et au blâme, tant qu'il ne s'agira que de ma misérable personne? Je méditerai souvent, ce mois-ci, l'*Ama nesciri et pro nihilo reputari* de l'Imitation, et je prierai

Notre-Seigneur de me donner, en considération de sa sainte Mère et pour le bien des âmes, son esprit d'humilité et de douceur. *Discite à me quia mitis sum et humilis corde. Amen.*

6 Novembre.
23ᵐᵉ *Dimanche après la Pentecôte dans l'Octave de la Toussaint.*

Voici ce que je me propose de dire, aujourd'hui, à mes chers paroissiens pour les faire entrer dans l'esprit de l'Eglise et les animer des sentiments qu'Elle désirait leur inspirer en instituant toutes ces belles fêtes. Tous les temps de l'année sont favorables à la piété ; mais ne vous semble-t-il pas que celui où nous sommes entrés depuis le jour de la fête de la Toussaint porte, plus particulièrement, les âmes à Dieu et à la vertu? Comment en effet, ne pas songer à Dieu, en célébrant la gloire des saints, à Dieu qui les a créés, qui les a soutenus dans leurs luttes, qui les a couronnés après leur mort, qui les récompense de leurs peines par un bonheur éternel?... Et puis comment ne pas songer à Dieu, à sa justice souveraine et formidable, en célébrant la fête des morts ? Oui, j'ai bien dit: La fête des morts, quoique ces mots, l'un qui rappelle la joie et l'autre le deuil et la tristesse, semblent jurer ensemble. La fête des morts! Le souvenir affectueux de nos parents, de nos amis, de tous les chrétiens qui ont quitté ce monde pour un monde meilleur; qui dorment dans le cimetière où nous avons déposé leurs dépouilles mortelles, et qui comptent certainement, s'ils sont encore dans le Purgatoire, sur le secours de nos prières. La fête des morts! Le souvenir de tous ces chers défunts qu'il nous est impossible, dans ce temps-ci, de séparer du souvenir des Élus à tout jamais heureux dans le ciel. La fête des morts saisit doucement notre âme; évoque en nous les meil-

leurs sentiments de la piété chrétienne;
nous pousse, avec une force presque irrésistible, à la prière et à la pratique de
la charité.

Donc, vous dirai-je encore aujour-
d'hui, comme je vous le disais Dimanche
dernier : pendant ces mois d'été, temps
de vacances pour plusieurs, temps d'agitation, de plaisir, d'occupations diverses,
peut-être avez-vous négligé vos devoirs
de chrétiens; la prière, la confession,
la communion, la visite des pauvres...

Mais, aujourd'hui, en présence du ciel
ouvert sur vos têtes, devant l'immense
assemblée des saints couronnés dans la
gloire, debout sur cette terre, théâtre
de leurs combats et de leurs victoires,
ou bien, agenouillés sur ces tombes
chéries que vous avez hier encore arro-
sées de vos larmes et parées de vos
fleurs, — Ecoutez la voix céleste, ren-
trez dans vous-mêmes, songez à votre
âme et reprenez le chemin qui conduit
à la véritable félicité.

N'alléguez aucun prétexte : Voyez dans l'Evangile de ce jour ces pauvres affligés qui vont, à travers mille obstacles, réclamer de Jésus l'un la résurrection de sa fille unique, l'autre le recouvrement de sa santé perdue depuis longtemps... Pauvres affligés!... mais, aussi, comme Jésus-Christ a été bon pour eux !... *Confide, filiâ, fides tua te salvam fecit... non est mortua puella sed dormit...* Ce qui se passa pour eux, se passera pour vous, si vous voulez vous approcher de Jésus-Christ et réclamer humblement son secours. Car Jésus-Christ est toujours vivant au milieu de nous : *Semper vivens — Venite ad me omnes.* — Toujours enseignant le monde par son Eglise : *Qui vos audit, me audit.* — Toujours guérissant les âmes malades : *Quorum remiseretis peccata, remittentur eis.* — Toujours se faisant le pain de l'homme voyageur : *Ego sum panis vitæ.* — Venez donc à Jésus-Christ, priez, confessez-vous, communiez et vivez pour glorifier Dieu, en vous sanctifiant et en édifiant vos frères, jusqu'au jour béni où vous irez, dans les parvis éternels, recevoir la récompense de vos vertus.

18 Novembre.

Dîner chez Mme L.***, avec Mgr Mortier, Evêque de Digne. Ce bon prélat au sortir du ministère où il a vu Joseph, était venu me prendre pour dîner avec lui... Je suis très touché de cette attention et très heureux d'avoir fait la connaissance de cet Evêque qui me paraît rempli de l'esprit de Dieu. S'il n'avait pas été obligé de partir demain matin pour Cambrai, il aurait accepté de présider pontificalement les offices de Sainte-Elisabeth, dimanche prochain. C'est l'abbé Sibon, Curé de Saint-Joseph, qui m'a promis de chanter la grand' messe.

3 Décembre.

Que faire pour rendre la vie à la confrérie de la sainte Vierge de ma paroisse? Comment avoir des confrériennes? Comment les maintenir? N'y a-t-il pas lieu de reviser le règlement? La robe blanche, l'hiver, ne pourrait-elle pas être échangée contre une robe bleue, avec un voile blanc? Et puis la question des dignitaires? des réunions du premier dimanche du mois, — des répétitions du chant, — de la caisse de la confrérie, — des fêtes de la sainte Vierge célébrées en semaine, le matin, par la messe, le soir, par l'instruction et le salut?... — Toutes ces questions demandent des réponses : Mon Dieu, inspirez-moi les plus sages et les meilleures.

1888

24 Mai.

Jeudi après le dimanche de la Pentecôte, a eu lieu la première communion à
Sainte-Elisabeth. C'est l'abbé Polack, un
jeune, intelligent et pieux vicaire de
Neuilly qui a prêché la retraite. Tout s'est
très bien passé. J'avais confié la direction
des exercices à mon premier vicaire. Les
autres Messieurs ont très fidèlement
suivi ses instructions, et j'espère que le
travail du Saint-Esprit dans l'âme de nos
chers enfants a répondu à la bonne disci-
pline de cette retraite. J'ai adressé

quelques mots aux enfants avant la sainte Communion. Je leur ai dit que j'allais réaliser un des objets de la première prière qu'ils ont apprise sur les genoux de leurs mères chrétiennes. *Notre Père qui êtes aux cieux... donnez-nous aujourd'hui notre pain quotidien...* Ce pain qu'on vous a appris dès votre enfance à demander au Seigneur après la glorification de son saint nom, et l'accomplissement de sa très adorable volonté, est-ce simplement celui que vos parents gagnent, peut-être, à la sueur de leur front, ce pain matériel qui répare vos forces physiques? Ce pain, est-ce simplement celui de l'intelligence que des maîtres dévoués vous distribuent dans vos classes, sous la forme de leçons plus ou moins savantes, et par lesquelles ils vous mettent en communication avec le monde intellectuel et moral? Ou bien, en étant et le pain de votre corps et le pain de votre intelligence, n'est-ce pas, principalement, le pain de la divine

Eucharistie? Oui, c'est celui-là, surtout, que Notre Seigneur voulait désigner, en mettant, sur nos lèvres, la demande de son Pater. *Da nobis hodie panem nostrum supersubstantialem...*

C'est qu'en effet l'homme ne vit pas seulement de pain. Il a besoin, pour son âme immortelle, d'une nourriture divine. Et voilà pourquoi Notre-Seigneur a voulu instituer la Sainte Eucharistie. Vos pères, disait-il aux Juifs, ont mangé la manne dans le désert, et ils sont morts. Mais moi, je vous donnerai un pain, bien meilleur que la manne, qui vous fera vivre pour l'éternité. Ce pain est descendu du ciel avec moi, ou, plutôt, c'est moi-même qui suis le pain vivant qui donne la vie au monde et quiconque mangera de ce pain vivra à cause de moi. Mon corps, ajoutait-il, est une nourriture et mon sang un breuvage. Prenez donc mon corps et buvez mon sang et vous aurez la vie en vous.

Le voilà donc sur cet autel le pain que

vous réclamiez de la bonté divine. Vos yeux, éclairés par la foi, voient Jésus sous les espèces du sacrement, merveille de puissance et d'amour!... Notre divin Sauveur voulant vous faire vivre de sa vie en vous incorporant à lui, multiplie sa divine présence dans chacune de ses petites hosties, et chacun de nous, après l'avoir reçu avec foi et amour, peut dire sans exagération avec saint Paul : *Je vis, mais non, ce n'est plus moi qui vis, c'est Jésus-Christ qui vit en moi.* Moi, pauvre enfant de douze ans, moi si faible, si dénué de vertus, mais, cependant, animé de la bonne volonté des enfants de Dieu, je participe, grâce à la réception du divin Sacrement, aux affections, aux vertus, à la dignité adorable de mon Sauveur. Il m'unit à Lui de la même manière que la nourriture s'unit à mon corps. Il est en moi comme un principe de joie spirituelle et comme un principe de force. Heureux effets de la communion!... Vous les obtiendrez aujourd'hui parce que vous allez recevoir Jésus-Christ qui est véritablement le pain vivant descendu du ciel, Jésus-Christ qui vous a donné sa parole et qui la réalisera en venant vous visiter...

Et vous, parents chrétiens, qui êtes en ce moment si heureux de voir vos enfants s'approcher pour la première fois du banquet divin, vous qui les avez formés à la vie chrétienne par vos leçons et par vos exemples, ah! laissez-moi vous le dire avant de leur distribuer le corps sacré du Sauveur, n'oubliez pas de vous nourrir vous-mêmes de ce pain qui est le froment des élus et la véritable force de l'homme sur la terre. Accompagner vos enfants à l'église, les dimanches et le jour de la première communion, c'est bien. Mais leur montrer soi-même le chemin de la table sainte en communiant de temps en temps, et surtout à Pâques, c'est mieux, ou, plutôt c'est ce qui est nécessaire pour assurer leur persévérance dans la vertu et, par conséquent, pour assurer leur bonheur.

28 Juin.
Jeudi.

Pélerinage de la paroisse Sainte-Elisabeth à Montmartre. A neuf heures, je dis la messe à l'autel de la sainte Famille, dans la crypte. Avant le salut, j'adresse quelques mots aux paroissiens qui m'entourent. Nous faisons, ensuite, la procession avec les enfants des frères et des sœurs. Puis arrivé sur l'esplanade, je bénis une pierre de 120 francs qui porte le nom de Sainte Elisabeth...

4 Juillet.

Accident d'Asnières. Pauvre Ernestine !

5 Juillet.

Notre malheureuse Ernestine a été

transportée à la maison Dubois, avec ses deux pieds bien endommagés.

6 Aout.

A 1 heure 35 du soir, notre pauvre sœur bien aimée meurt, après un mois de souffrances supportées chrétiennement. Elle avait été opérée le 17 Juillet. Hélas ! cela n'a pu la sauver !...

9 Aout.

A midi, enterrement à Saint Eustache de notre chère sœur, morte à la fleur de l'àge, des suites d'un affreux accident. De l'église nous la conduisons au Père Lachaise.

Elle dort, là-haut, du sommeil des justes. Pauvre chère sœur ! nous avons bien prié pour toi. Si tu es au ciel, ou quand tu y seras, prie pour nous tous. En quittant la terre, ne nous as-tu pas donné rendez-vous au ciel ?

2 Novenbre.

Jour des morts. *Requiem æternam dona eis, Domine...* Pauvre chères âmes, prisonnières de la justice de Dieu, exilées du ciel pour un temps, condamnées à souffrir dans les flammes du Purgatoire jusqu'à l'heure de la purification complète, de l'expiation exigée, nous pouvons abréger votre peine en priant pour vous, en souffrant pour vous, en offrant pour vous à Dieu le sacrifice de l'autel... Que Dieu est bon d'avoir trouvé ce moyen de concilier les droits de sa bonté avec ceux de sa justice ! Que nous sommes heureux d'être les instruments de sa miséricorde à votre égard !...

C'est dimanche prochain, 24e après la Pentecôte, que recommencent à Sainte-Elisabeth les catéchismes de persévérance pour les garçons et pour les filles. Mon Dieu, bénissez cette œuvre si importante. Donnez vos lumières à ceux qui en sont chargés. Qu'ils aiment, pour votre amour, ces pauvres enfants ; qu'ils leur apprennent à vous connaître, à vous aimer, à vous servir...

Je dirai la sainte messe à huit heures et j'entendrai la première instruction faite aux garçons. J'irai, à neuf heures, ouvrir le catéchisme de persévérance des filles. A la grand'messe, j'appellerai l'attention des paroissiens sur les catéchismes et les exhorterai à y envoyer régulièrement leurs enfants.

30 Novembre.

Saint André.

O bona Crux! Quelle différence dans les sentiments et le langage de saint André avant et après la Pentecôte!... Avant sa bienheureuse transformation il sentait, il parlait, comme les autres apôtres, en homme avide de consolations terrestres. Après la descente du Saint-

E~prit en lui... *Ibant gaudentes a conspectu concilii quoniam digni habiti sunt
pro nomine Jesu contumeliam pati...*
Quel spectacle que celui de saint André
demeurant deux jours attaché à une
croix et ne cessant de louer Dieu et de
prêcher Jésus-Christ! Comme il confond
toutes les idées de la nature sur le
bonheur. Comme il démontre victorieu-
sement l'efficacité de la grâce de Notre-
Seigneur. Comme il nous prêche la
résignation dans les souffrances !...

2 Décembre.
Premier Dimanche de l'Avent...

O Jésus, qui avez fait dans tous les
temps la joie et la consolation des vrais
enfants de Dieu, puisque vous êtes le
centre de l'histoire de l'humanité, Jésus
l'attente des peuples et le désiré de toutes
les nations, Jésus né de la Vierge Marie,
mort sur la croix, ressuscité, monté au
ciel, vivant dans votre Eglise, Jésus,

mon Sauveur, mon Roi, mon Maître, mon Ami, mon Dieu, mon Tout, accordez-nous la grâce de vivre et de mourir dans votre saint amour, afin d'éviter les rigueurs de votre justice et de vivre éternellement heureux avec vous. Amen.

1889

5 Janvier.
Vigile de l'Epiphanie.

Premier jour de l'adoration perpétuelle à Sainte-Elisabeth, sermon par
l'abbé Polack vicaire à Neuilly. Demain
je chanterai la grand'messe, et, après
l'Evangile, je monterai en chaire pour
faire les prières du prône. Je rappellerai
à mes bons paroissiens le mystère de
l'Epiphanie. c'est-à-dire de la manifestation de Notre-Seigneur, et la manière
dont nous pouvons participer à ce mystère toujours renouvelé dans la vie de

l'église, car Jésus-Christ nait chaque jour, d'une manière mystique, entre les mains du prêtre et se montre sur l'Autel, comme l'objet de l'adoration des fidèles, de même qu'autrefois il se montrait aux Mages entre les bras de la Vierge Marie, sa très sainte mère... Que la foi nous conduise donc aux pieds de Notre-Seigneur dans le saint Temple. Ne craignons rien des Hérodes modernes, rien de leurs préventions injustes, de leurs hypocrisies, de leurs persécutions... Sachons nous élever, par l'amour de Dieu et du devoir, au-dessus des obstacles, et répandons nos offrandes aux pieds du Dieu caché: l'or de la charité... l'encens de la prière... la myrrhe de la mortification... C'est ce que font aujourd'hui les Dames de l'Assemblée de charité... C'est ce que feront tous les pieux fidèles... Ah! si je pouvais me faire entendre aux absents!... Du moins. ô mon Dieu! portez-leur mes paroles. ou exaucez mes souhaits, souhaits de conversion... car vous ne voulez pas la mort du pécheur. mais bien qu'il se repente et qu'il vive.

13 Février.

J'ai eu l'honneur de rester, à peu près toute la journée, aux côtés de Mgr Richard, pendant la visite pastorale qu'il a faite aujourd'hui à Sainte-Elisabeth. J'ai été ravi de sa douceur et de sa piété. Je ne me sentais nullement gêné en sa présence. C'est le bon Dieu qui vit dans cette âme et qui donne ainsi, à ceux qui l'approchent, un avant-goût du bonheur que nous aurons au ciel dans la société des Saints...

O Jésus qui vivez dans le bon pasteur accordez-moi de lui ressembler comme il vous ressemble, afin que par ma douceur, ma charité, ma fermeté et ma persévérance, je fasse, ici, le plus de bien possible, pour votre amour et pour la gloire de votre Père.

O Marie, ma mère de grâce, obtenez-moi par votre intercession, cette faveur précieuse, obtenez-la pour tous mes vicaires, pour tous mes chers paroissiens...

23 Mai.
Jeudi

Aujourd'hui, pour la dizième fois, j'ai fait faire la première Communion aux enfants de Sainte Elisabeth. Que ces chers enfants paraissaient heureux ! Quelle sérénité sur tous ces visages ! quel doux reflet d'une conscience tranquille, d'un cœur pénétré de l'amour de Dieu !

Hélas ! combien de temps durera leur persévérance ?

Affreuse pensée !... tous ces petits Anges d'aujourd'hui deviendront, bientôt, sinon des démons, du moins des indifférents et des ingrats. O mon Dieu ! préservez-les d'un si grand malheur !...

Marie, mère de Miséricorde, priez pour
eux, obtenez-leur d'être fidèles !...

Amen !...

7 Juin.

Je viens de recevoir un télégramme
m'annonçant la mort de ma cousine
Mme Delphine S***. Me voilà, maintenant, au rang des ainés de la famille,
au premier rang de ceux que la mort
doit le plus naturellement frapper.
L'année dernière, à pareille époque, la
pauvre Ernestine était bien près de sa
fin. C'est le 4 Juillet qu'elle tomba si
malade à Asnières, pour expirer le 6 aout,
à l'hospice Dubois, après un mois d'hor-
ribles souffrances. O mort ! viendras-
tu bientôt me visiter ? Dieu seul le sait.
Plaise à sa divine bonté qu'elle me
trouve bien préparé et que je meure de
la mort des Justes !... Soyons donc de

plus en plus, fidèle à notre devoir afin d'éviter les surprises de l'ennemi...

3o Juin.

Je viens d'achever la lecture de la vie de Monseigneur Darboy par Monseigneur Foulon, Archevêque de Lyon. Les derniers chapîtres m'ont reporté douloureusement au temps néfaste de la commune, quand, à Saint Eustache, vicaire de ce pauvre M. Simon, je subissais avec le bon Curé, avec M. Coullié, aujourd'hui évêque d'Orléans, et M. Bourbonne, devenu aumônier des religieuses de la Visitation, les horreurs de l'occupation des fédérés et du bombardement de notre église... Voilà bientôt vingt ans que ces événements effroyables se sont accomplis... Depuis cette époque que de maux dans l'ordre moral et religieux ont affligé les cœurs catholiques!... Que l'avenir parait sombre en

France, en Italie, en Allemagne ! Comment ramener à Dieu et à l'église nos contemporains dévoyés, de plus en plus imbus de préjugés contre le Vicaire de Jésus Christ, dominés, de plus en plus, par les maximes de la Franc-maçonnerie ? Comment agir sur cette masse indifférente qui ne songe qu'à ses affaires et à ses plaisirs ? Dieu prépare-t-il une nouvelle explosion de sa colère ?... Peut-être faudra t-il une persécution nouvelle pour nous réveiller de notre torpeur et nous ranimer dans le bien, grâce aux souffrances que les saints auront à endurer pour la foi...

31 Juillet.

Je suis revenu ce soir de mon voyage commencé le 1er Juillet et qui a eu pour terme Grand'Camp, Quillebeuf et Darnétal près Rouen. Mes sœurs Marie et Joséphine avec leurs enfants m'y ont tenu aimable et fidèle compagnie. Après mon départ, quelques autres de mes neveux et nièces ont été les rejoindre. J'espère que ce séjour au bord de la mer leur sera favorable et dédommagera les collégiens de la privation d'air et d'exercice qu'ils ont subie pendant les longs mois de travail et de préparation aux examens. Charles est maintenant bachelier en philosophie. Louis de S*** a passé à Aix son premier examen du baccalaureat-ès-lettres. L'autre Louis se dispose à subir son épreuve. Mais il est probable qu'il en sortira victorieux après les brillants succès qu'il vient de remporter au lycée. Joseph a été reçu bachelier ès-sciences avec la mention *Bien*.

Que d'actions de grâces à rendre pour tout cela à la divine Providence! Notre famille devient très nombreuse. J'ai déjà plus de 24 neveux ou petits-neveux. Puissent-ils ne donner jamais que de la satisfaction à leurs parents et rester toujours de bons chrétiens!

J'ai passé trois jours à Quillebeuf. Le vénérable curé de Saint-Aubin m'avait prié de l'aider pour la première Communion de ses enfants. J'ai donc chanté la grand'messe, dimanche, à Saint-Aubin. J'ai prêché deux fois le matin et deux fois le soir et, ensuite, je me suis rendu pour le dîner chez un ami de M. Simon, le regretté curé de Saint-Eustache. Le fils de cet ami était parmi les heureux premiers communiants. Le lundi, j'ai célébré la messe d'actions de grâces, puis je suis parti pour Darnetal où j'ai passé la journée. Hier, j'ai fait une charmante promenade, en bateau à vapeur, à la Bouille, près Rouen. J'ai revu avec grand plaisir les belles églises de cette dernière ville : Notre-Dame, Saint-Maclou, Saint-Ouen.

Et me voici de retour pour présider demain la distribution des prix à l'école des sœurs. Que leur dirai-je ? oh ! assurrément je ne ferai pas un discours académique. Je me contenterai d'adresser quelques mots de remerciement au bon Dieu qui soutient notre œuvre, aux chères sœurs qui s'y dévouent généreusement, aux élèves qui se montrent animés du meilleur esprit, qui travaillent bien, qui ont obtenu 20 certificats d'études sur 21 convoités, aux parents qui nous envoient leurs enfants, enfin aux dames patronnesses dont le concours est si précieux à l'œuvre.

Maintenant je vais prendre mon repos après avoir prié le bon Dieu de me bénir et de me rendre moins inhabile à diriger ma paroisse.

O Marie, ma tendre mère ! je vous consacre cette nouvelle reprise de mes fonctions pastorales. Aidez-moi à faire le bien. Saint-Joseph, protégez votre enfant. Saint-Pierre ès-liens priez pour lui.

Amen !

10 Aout.
Fête de Saint Laurent.

20ᵉ anniversaire de la mort de mon

bien-aimé Père à S***. Il aurait aujourd'hui 87 ans. Comme il serait fier des succès que viennent de remporter ses petits enfants, lui qui aimait tant à voir nos triomphes quand nous étions jeunes! Du haut du ciel où il est, je l'espère avec une entière confiance, il nous voit et il prie pour nous. Mais si, cependant, il ne goûtait pas encore les joies du Paradis?... O mon Dieu, donnez à cette chère âme le repos éternel!... O Jésus, laissez couler sur elle une goute de votre sang et attirez-la à vous!

23 Aout.

Je rentre du Séminaire de Saint-Sulpice où j'ai eu le bonheur de faire ma retraite et d'entendre, en compagnie de vénérables prêtres qui en ont été édifiés comme moi, la belle et sainte parole de Monseigneur Lamotte recteur de l'institut catholique de Toulouse.

Aujourd'hui j'ai reçu un exemplaire de

l'encyclique de Léon XIII, datée du 15 Août, prêchant à tout l'univers catholique le culte de la Sainte Vierge et celui de Saint Joseph, désirant que Saint Joseph ne fût point séparé de Marie dans les dévotions des fidèles pendant le mois du saint Rosaire, et recommandant qu'on récitât en l'honneur du glorieux Epoux de Notre-Dame la prière suivante :

Oratio ad sanctum Josephum.

« Ad te, beate Joseph, in tribulatione
« nostra confugimus, atque implo-
« rato sponsæ tuæ sanctissimæ auxilio,
« patrocinium quoque tuum fidenter
« exposcimus. Per eam, quæsumus,
« quæ te cum immaculata Dei genitrice
« conjunxit, caritatem, perque paternum
« quo puerum Jesum amplexus es, amo-
« rem, supplices deprecamur, ut ad
« hereditatem, quam Jesus Christus
« acquisivit sanguine suo, benignus,
respicias ac necessitatibus nostris tua
virtute et ope succurras.

« Tuere, o custos providentissime divi-
« næ Familiæ Jesu Christi sobolem elec-
« tam ; prohibe a nobis, amantissime
« Pater, omnem errorum, ac corrupte-
« larum luem; propitius nobis, sospi-
« tator noster fortissime, in hoc cum
« potestate tenebrarum certamine e
« cœlo adesto; et sicut olim Puerum
« Jesum e summo eripuisti vitæ discri-
« mine, ita nunc Ecclesiam sanctam Dei
« ab hostilibus insidiis atque ab omni
« adversitate defende: nosque singulos
« perpetuo tege patrocimio, ut ad tui
« exemplar et ope tua suffulti, sancte
« vivere, pie emori, sempiternamque
« in cœlis beatitudinem assequi possi-
« mus. Amen.

Je place donc les fruits de ma retraite
sous la douce protection de saint Joseph
en même temps que sous la protection
de Marie et je serai plus fidèle que jamais
à sa dévotion.

20 Novembre.

Demain, nous célèbrerons la fête de la Présentation de la Très-Sainte Vierge. C'est le jour où les prêtres renouvellent leur consécration à Dieu et leurs promesses cléricales et où beaucoup de communautés religieuses renouvellent aussi leurs vœux... Je prendrai comme texte de ma méditation l'hymne des vêpres de la fête; *Quam pulcre graditur.* Cette hymne contient, en peu de mots, les sentiments de la Sainte Vierge, le récit des faveurs dont Dieu la combla en retour de sa consécration, les motifs que j'ai eus de me consacrer, comme elle, au service de Dieu, les récompenses que j'ai lieu d'attendre de la bonté divine pour ma fidélité... O mon Dieu! je suis heureux de renouveler dès ce soir mes promesses cléricales aux pieds de votre infinie Majesté, en présence de toute la cour céleste, entre les mains de votre divin Fils, assisté de

Marie, son auguste mère, mon modèle, ma toute-puissante et toute-aimante protectrice... *Ergo nunc tua gens se tibi consecrat... Ergo nostra manes portio tu, Deus, qui de Virgine natus, per nos sæpe renasceris...*

O veneranda sacerdotum dignitas, in quorum manibus filius Dei velut in utero Virginis incarnatur...

1890

« *Fugit irreparabile tempus.* » Si, du moins, je l'employais toujours bien, ce temps qui m'est donné ponr mériter le ciel; ce temps qui est le fruit de la Rédemption de mon Sauveur; ce temps qui passe si vite et qui ne reviendra plus !... Il y aura bientôt trente six ans que je suis prêtre; et Notre-Seigneur n'en a vécu que trente-trois ! Et qu'ai-je fait, pendant ce grand nombre d'années, qu'ai-je fait pour Dieu, pour les âmes, pour mon salut ? Amer sujet de réflexions !... O mon Dieu, ayez pitié de moi !... Regardez la face de votre Christ, écoutez la prière de sa très-Sainte Mère; pardonnez-moi mes péchés, mes négligences dans votre service, mes susceptibilités d'amour-propre, mes manquements de tout genre dans l'accomplissement de mes devoirs. Renouvelez-moi dans la connaissance et l'amour du bien. Restaurez ma pauvre âme si souvent et si aisément subjuguée par les infirmités corporelles. Imprimez dans cette âme l'horreur du mal, la crainte de vos jugements. Exaltez tous les nobles sentiments de mon cœur en les façonnant sur le Cœur de votre divin Fils ; et que ma vie de chaque jour soit un écho fidèle de sa vie. Amen. Amen.

19 Avril.

A 9 heures, je dis la sainte messe à Saint-Jean Saint-François où l'on célèbre une Octave en l'honneur du saint Sacre-

ment à l'occasion du sixième centenaire
du miracle des Billettes.

2 Juin.

Je reviens de faire mon adoration à
l'Eglise de Saint-Joseph où j'ai suivi,
avec quelques fidèles et quelques enfants
la prière et la lecture sur la dévotion
au Sacré-Cœur faite par un vicaire de
la paroisse. Dans la rue deux petits
enfants se sont, hélas ! permis de m'in-
sulter en criant l'un après l'autre le *couac*
trop usité. Je suis allé vers eux et, comme
toujours, le coupable au dire de celui
que je tenais par la main, c'était l'autre...
Je leur ai demandé pourquoi ils m'insul-
taient, si je leur avais fait du mal...
Pauvres enfants ! Ils ne savaient que
s'accuser réciproquement... « Ce n'est
pas moi, c'est lui... « Non, c'est lui, ce
n'est pas moi, » J'ai tiré alors mon petit
magasin de médailles de la sainte Vierge
et je leur en ai donné une à chacun, en

leur recommandant d'être plus sages à
l'avenir. Aussitôt, d'autres enfants, petits
garçons, petites filles, et même des
grandes personnes sont venus tendre la
main pour avoir une de mes belles
médailles. « Elle me portera bonheur »
disait une pauvre femme en me remerciant. Puisse-t-elle avoir raison! Puisse
l'image de Marie Immaculée leur porter
rééllement bonheur, à tous, en leur rappelant qu'ils sont les enfants de Dieu et
que Marie est leur mère de grâce, que
Jésus est leur sauveur, leur frère; et que
le prêtre, loin d'être leur ennemi, comme
ils semblent le croire, est, après Dieu,
leur meilleur guide et leur meilleur
ami!...

19 Aout.

Troisième jour de la retraite ecclésiastique à Saint-Sulpice. J'ai entendu avec
plaisir la conférence de 3 heures du
Révérend Père Prédicateur sur la confes-

sion, puis les réflexions de son Eminence, le Cardinal Richard, sur notre obligation d'évangéliser les petits enfants, avant et après les deux années préparatoires à la première Communion. La difficulté est d'atteindre les pauvres petits des écoles communales. Comment faire, en particulier, dans ce quartier du Temple où nous avons déjà tant de peine à obtenir la fréquentation des Catéchismes de première Communion ? *Hic labor, hic opus est.* Mon nouveau second vicaire se montre plein de bonne volonté. Il me propose d'essayer. Que le Bon Dieu nous vienne en aide...

20 Aout
Fête de Saint Bernard

Je viens de terminer la lecture de la vie de saint François d'Assise écrite, d'une manière très intéressante, par M. l'abbé Lemonnier. Cette vie fait connaître et aimer le vénérable patriarche de

l'ordre franciscain. Quant à nous inspirer le désir de l'imiter, je n'ose l'affirmer.
Les vertus de Saint-François d'Assise
sont si élevées, si sublimes qu'on
n'essaie même pas de les acquérir. Et,
cependant, ne devrions-nous pas, nous
surtout, prêtres de Jésus-Christ, nous
efforcer de ressembler au divin modèle
que le séraphique Saint François a si
bien reproduit dans son ardent amour
pour la pauvreté, la mortification, l'humilité, la modestie, la recherche des âmes?
Comment pourrons-nous ressaisir un
peu l'empire du monde, je parle de l'empire dans l'ordre du salut, sinon par le
désintéressement, l'abnégation, le dévouement aux intérêts spirituels de nos
frères? Il nous faudrait, comme le saint
curé d'Ars, imiter de plus près Saint
François d'Assise et donner, comme lui,
à notre siècle obsédé de l'amour des
richesses et du bien-être, le spectacle
d'hommes dégagés de tout intérêt propre,
amis véritables de la croix, ne sachant

et ne prêchant que Jésus-Christ et Jésus Christ crucifié. Saint Bernard dont j'ai déjà commencé de lire la biographie faite avec talent par un prêtre du diocése de Dijon, saint Bernard était de cette trempe d'hommes détachés de la terre, insensibles à ses honneurs et à ses richesses, en un mot, véritablement crucifiés au monde. Bossuet l'a bien exprimé dans le panégyrique qu'il en a prononcé. O puissé-je, moi aussi, mon Jésus, vous connaître, vous aimer et vous imiter comme vos meilleurs serviteurs! Je vous en demande très humblement la grâce par leur intercession et par celle de votre auguste mère, la glorieuse Vierge Marie...

27 Octobre.
Retraite du mois à 4 heures
à Saint-Sulpice.

M. Icard nous adresse des avis pleins de piété et de sagesse. Il est bien bon pour l'âme du prêtre livré aux travaux du saint Ministère, de consacrer un jour par mois à se recueillir, à s'examiner sur la manière dont il a rempli, extérieurement et intérieurement, ses devoirs depuis la dernière retraite, à rendre grâces à Dieu s'il n'a point commis des fautes graves, à lui demander pardon de ses péchés, à rentrer en grâce avec lui par une bonne confession, à s'encourager et se ranimer, enfin, dans l'amour de la vertu, par une fervente préparation à la mort.

Benedictus (ergo) Deus, pater misericordiarum, qui elegit nos in Christo, ante mundi constitutionem ut essemus sancti, in conspectu ejus, in sanctitate! (*Saint Paul.*)

O mon Dieu, je vous bénis, je vous remercie, je vous loue, je vous aime en mon Seigneur Jésus et dans votre Saint Esprit, pour tant de grâces que vous m'avez faites, et je vous demande humblement celle de me sanctifier. Je vous la demande par l'intercession de Marie, la Reine de tous les Saints, de toute la Cour céleste, et, en particulier, des saints prêtres que j'ai connus dans ma vie, au séminaire, à Rome, à Paris, et partout ailleurs.

Amen.

1891

Ier Octobre.

Le 16 Août dernier, je suis parti pour Grand'Camp où je suis resté jusqu'au 3 Septembre.

De Grand'Camp je me suis rendu successivement à Cherbourg, Coutances, le mont Saint Michel, Saint Malo, Dinard, Rennes, Châteaubriand, Angers, Tours, Orléans. Le 11 Septembre je rentrais à Paris d'où je repartais le 20, afin d'aller visiter mes parents à Pothières, Lyon, Bas, puis revenir définitivement dans ma paroisse où je me propose, avec l'aide de Dieu, de me consacrer plus

ardemment que jamais à l'accomplissement des devoirs de mon saint Ministère.

2 Novembre.
Jour des morts.

Où sont-ils les morts dont on fait
revivre, à si juste titre, le souvenir
aujourd'hui? Où sont les âmes de
mes parents... de mes amis... de mes
paroissiens? où sont-elles. puisqu'elles
ne sont pas anéanties. mais parties,
seulement, pour le grand voyage. dans
ce pays divisé en trois régions bien
définies par l'écriture. par l'enseignement traditionnel de l'humanité. et
surtout de l'église catholique? Question
sérieuse. question effrayante... Sont-elles
au ciel? Mais rien d'impur n'entre dans
ce royaume de la sainteté. Le ciel. c'est
le lieu où réside la Très Sainte-Trinité
entourée des Anges qui sont purs, de
Marie qui est très pure, des saints qui
sont toute pureté... Peut-être, sont elles

en Purgatoire, car elles sont parties purifiées de leurs fautes par l'absolution du prêtre, mais n'ayant pas complètement satisfait à la justice de Dieu par la pénitence... Donc je prierai davantage pour elles... je m'unirai davantage à Notre Seigneur Jésus-Christ, l'adorable victime de notre grand sacrifice. Son sang coulera sur ces pauvres âmes du Purgatoire et les purifiera.

3 Novembre.

Les âmes qui sont dans le Purgatoire achèvent d'expier leurs péchés pardonnés avant leur sortie de ce monde de la manière dont nous parlerons demain. Mais leurs souffrances qui sont très grandes ne les laissent cependant pas sans consolation. Elles savent, en effet, que leur salut est certain.

Les réprouvés tombés en enfer savent que leur perte est irrémissible et c'est pourquoi leur désespoir est horrible.

Mais les âmes du purgatoire jugées au tribunal de Dieu ont acquis la certitude que leurs péchés leur sont pardonnés, que le ciel est le lieu définitif où elles trouveront toute lumière, toute joie, tout bonheur dans la vue et la possession du souverain bien. De là un immense apaisement en elles. O beau ciel! Je te posséderai donc un jour! O Jésus, mon sauveur, je vous verrai bientôt! O sainte Vierge Marie, je contemplerai un jour votre visage plus resplendissant que le soleil!... O saints et saintes du Paradis! je serai donc, un jour, votre heureux compagnon.., Quelle joie, par conséquent, dans cette certitude!...

Ici-bas, notre vertu même ne nous préserve pas de la crainte. Qui de nous sait s'il est digne d'amour ou de haine? Quelle anxiété ont éprouvé les saints à la pensée qu'ils perdraient leur âme! Mais, au purgatoire, on possède la certitude absolue d'être sauvé parcequ'on se sait en grâce avec Dieu et qu'on se voit revêtu de la robe nuptiale, robe ternie, il est vrai, qu'il faut laver et rendre éclatante, ce qui aura lieu par l'expiation, mais robe superbe : c'est la grâce sanctifiante, c'est l'amitié de Dieu, grâce qui incline l'âme, non seulement à ne pas résister à la volonté divine qui veut lui faire expier ses fautes, mais encore qui l'incline à aimer cette volonté et à se prêter avec ardeur à l'accomplissement de ses désirs...

Ainsi tout n'est pas sombre dans le Purgatoire. Il y a un côté lumineux : c'est l'espérance qui anime les âmes, c'est la certitude de leur salut, c'est l'amour de Dieu qui les presse de souffrir pour satisfaire à sa justice. O mon Dieu, vous avez bien fait toutes choses ! et, par le Purgatoire, vous avez admirablement concilié les droits de votre justice avec les tendresses de votre bonté. Ces âmes le savent, et c'est pourquoi elles sont heureuses de souffrir.

4 Novembre.

Les âmes du Purgatoire souffrent pendant un certain temps la perte de Dieu qui se dérobe aux désirs enflammés de leur cœur. pour les punir de leurs péchés. Hélas! quand elles étaient sur la terre. elles ne comprenaient pas la gravité ni du péché mortel, ni du péché véniel. Du péché mortel, elles avaient même une faible idée. *Delicta quis intelligit?*. Elles savaient bien, sans doute, qu'en péchant, elles violaient la loi de Dieu. Mais cette violation de la loi de Dieu, elles n'en appréciaient que faiblement la malice. Car, autrement, comment auraient-elles pu se résoudre à l'accomplir? Eh quoi? Dieu n'est-il pas le maître suprême?... Sa loi n'est-elle pas souverainement juste et bonne? Et qu'est-ce que l'homme pour oser s'élever par le péché contre Dieu, son maître, son père, et tout son bien? pour fouler aux pieds la loi de Dieu, malgré la terrible sanction dont elle est revêtue. Révolte insensée !... offense effroyable ! ingratitude sans nom !... Croyez-vous donc que Dieu ne soit pas assez juste pour punir tant de crimes, pour faire expier tant de malice? Vous direz peut-être : mais ces péchés ont été effacés ici-bas par le repentir et par l'absolution. C'est vrai, mais il n'en reste pas moins pour le pécheur l'obligation d'expier la faute commise, quoique pardonnée. Il faut faire pénitence. C'est la loi imprescriptible. Donc, la pénitence n'ayant pas été faite ici bas, ou ayant été faite d'une manière incomplète. il faut qu'elle s'achève dans le Purgatoire.

... Donc, on souffre beaucoup en Purgatoire, c'est là le côté sombre. Mais nous dirons, demain. comment on peut aider ces pauvres âmes si dignes de compassion et hâter leur délivrance.

5 Novembre.

Sancta ergo et salubris est cogitatio pro defunctis exorare ut a peccatis solvantur... Voilà le grand moyen de servir la cause des âmes du Purgatoire : prier pour elles; se mortifier pour elles; offrir, pour elles, le Saint Sacrifice de la messe. Car la messe est la prière par excellence : c'est tout à la fois l'holocauste, l'Hostie de propitiation, la victime d'actions de grâces et le sacrifice de reconnaissance.

6 Novembre.

Il sort du Purgatoire une grande lumière qui doit nous profiter ce soir. Nous apprenons, par la destinée des âmes qui quittent ce monde, à regarder, en face, l'éternité au poids de laquelle il faut peser toutes nos actions... Eternité heureuse... Eternité malheureuse... Eternité!... Méditons ce mot : Tâchons de nous en faire une idée par quelques comparaisons : l'espace, le nombre des étoiles... Si le monde était de diamant et qu'un petit oiseau le touchât de son aile une fois tous les mille ans, le monde serait usé, et l'éternité ne serait même pas commencée... Ecrivez sur ce mur blanc plus de cent mille chiffres, multipliez ce nombre par lui même... Comment l'énoncerez-vous ? Dans quel tableau l'écrirez-vous ? et l'éternité ne sera pas commencée... æternitas !... toujours, jamais. — Si l'on y pensait, comme on imiterait les saints ! Rappelons-nous l'exemple du général Nicolaï qui vient de mourir à la grande Chartreuse... Et disons comme lui : Coûte que coûte, je veux sauver mon âme ; je veux m'assurer une bienheureuse éternité...

19 Décembre.

Dix heures du soir. Qu'écrirai-je sur le

livre de ma vie intime? Voilà plus de quinze jours que la maladie est venue me visiter, sous la forme d'un rhume ou d'une grippe opiniâtre. Confiné dans mon logis, que de réflexions j'ai pu faire sur la vanité de toutes les choses présentes, sur le malheur que j'ai eu d'avoir offensé Dieu, sur mes jours écoulés, sans profit, peut être, pour les âmes que Dieu m'a confiées, sans profit assez grand pour mon perfectionnement spirituel. Que d'actes de contrition j'ai récités, pendant mes longues insomnies et pour moi et pour les autres! Que d'actes, aussi, d'espérance et de confiance j'ai dû y ajouter!... O mon Dieu, ne m'abandonnez point au déclin de ma vie, maintenant que mes forces commencent à me trahir. Venez à mon aide, et regardez, s'il vous plait, la face de Jésus Christ mon Sauveur. Encore quelques jours et nous célébrerons l'anniversaire mille fois béni de sa naissance dans la grotte de Bétlhéem. Nous l'adorerons avec la Très Sainte Vierge Marie sa mère, Saint Joseph, son père adoptif, les bergers et les anges, ses premiers et fidèles adorateurs.

Père céleste, Père saint, regardez-nous en pitié, au nom de votre Fils éternel devenu l'un de nous. Nous vous offrons ses premiers soupirs, ses larmes, l'acceptation de toute une vie d'humiliation et de douleurs, terminée par son sacrifice sur la croix. O saint Père, ayez pitié de nous, de moi en particulier, qui suis, par mon sacerdoce, uni étroitement à votre cher Fils. Pardonnez-moi mes iniquités, mes fautes de tout genre et mes péchés d'ignorance ; et renouvelez-moi, par votre esprit, dans l'estime et la pratique des vertus de ma sainte vocation. Que je sois, dorénavant, un autre Jean Baptiste, uniquement désireux de la gloire de votre cher Fils, fidèlement occupé à le faire connaitre et à le faire aimer autour de moi. O Esprit créateur qui, aujourd'hui, à Saint

Sulpice, par le ministère du Pontife, avez renouvelé les merveilles du Cénacle, dans l'ordination des jeunes lévites, Sous-diacres, Diacres, et Prêtres, renouvelez-en moi l'onction sacerdotale. Détruisez le vieil homme, toujours prêt à renaître en moi, et que désormais la vie de Jésus-Christ devienne la vie de votre pauvre et bien indigne serviteur.

Amen.

1892

25 Aout.

Que jai besoin de votre grâce, ô mon
Dieu ! car ma pauvre âme est comme
une terre sans eau, une terre crevassée
de toutes parts, et que vous seul, par
la douce et féconde rosée de vos grâces,
pouvez régénérer, rajeunir, égaliser.
faire fleurir et fructifier ! O mon Jésus,
venez à mon aide. O Marie, montrez-
vous ma mère. Saint Joseph, soyez notre
protecteur. Saints anges, tous les saints
du ciel, priez pour moi et que ma vie de
pasteur soit ce qu'elle doit être pour la

gloire de Dieu et le salut des âmes.
Amen.

Aout.
Retraite à Saint-Sulpice,
prêchée par le R. P. Ledoré,
Supérieur des Eudistes.

« *O quam bonum et quam'jucundum habitare frates in unum!...* » Qu'il fait bon, ô Jésus, pleurer ses péchés à vos pieds!... Qu'il fait bon, ô Marie, se mettre à couvert de la colère de Dieu sous votre manteau virginal !
Qu'il fait bon, sainte Eglise de Dieu, se retremper dans l'amour et le service de Dieu avec l'aide de la parole et des sacrements que Jésus t'a donnés pour le salut des âmes! Je veux être un saint prêtre, et, pour cela, prier tous les jours avec ferveur, travailler à mon ministère sans défaillance, ne pas me décourager de mes insuccès.   .   .   .   .

« Fais ce que dois, advienne que pourra ! » Or mon devoir est tracé tout entier dans mon règlement de vie, tel que je le suivais au Séminaire, et que j'ai dû modifier seulement depuis que je suis curé.

Je serai donc bien fidèle :

1° à mes exercices de piété :— Prière, Bréviaire, sainte Messe, Lecture spirituelle, Visite au Très Saint-Sacrement, Chapelet, Travail intellectuel.

2° Aux exercices voulus :

(*a*) par la justice... assistance aux offices.

(*b*) par là charité... soin des pauvres.

(*c*) par la tempérance... « *Sobrii estote*... »

et ma devise sera toujours :

« *Justus ex fide vivit.* »

et « Tout par amour »... « *Fides quœ per charitatem operatur* ».

1893

Exercices de l'adoration perpétuelle.

Les Mesieurs de Saint-Vincent de Paul, avec quelques autres, ont passé la première nuit, du 10 au 11, devant le Saint-Sacrement. Pendant la journée du 11 il y a eu pas mal de monde à l'Eglise. L'abbé Valadier, pour exhorter les fidèles à venir adorer Notre-Seigneur, s'est inspiré de l'exemple des rois mages accourant à Béthléem, sans se laisser arrêter par des difficultés de tout genre. Il a parlé de la foi, de l'amour de Dieu, de l'esprit de sacrifice.

Ce sont les Frères de nos Ecoles qui vont passer en prières, devant Notre-Seigneur, cette seconde nuit de l'adoration. Ils demanderont à Jésus de nous pardonner, de nous bénir, de faire prospérer l'œuvre de nos Ecoles chrétiennes. Je m'unis à eux de tout mon cœur.

L'abbé Valadier n'a pas pu continuer sa petite station. Il nous a envoyé un de ses amis, M. l'abbé Aubert du petit séminaire de Notre-Dame des champs, qui a parlé avec beaucoup d'ardeur de l'amour que Notre-Seigneur nous porte et dont l'Eucharistie est le témoignage de tous les instants. Qui donc n'aimerait pas celui qui nous a aimés le premier et qui ne cessera de nous aimer! Qui ne voudrait imiter les exemples de vertu qu'il nous donne : sa religion pour son Père céleste... son dévouement pour les hommes, ses frères, dont il se fait tout à la fois le prêtre, la victime, le compagnon d'exil, le pain quotidien, enfin son abnégation personnelle poussée jusqu'à l'anéantissement! O divin prisonnier du tabernacle! ô hostie vivante du Très-Haut apaisé par votre sang! O Jésus. notre prêtre éternel, notre roi, notre victime, notre aliment, notre père, notre frère, notre ami, notre tout! O Jésus. faites que vous nous soyez toujours Jésus et que nous vous aimions parfaitement en ce monde et en l'autre!

Amen.

9 Février.

Hier j'ai béni à Saint-Sulpice le mariage de ma chère petite nièce Marthe S*** avec M. Ernest A*** ingénieur civil. Aujourd'hui, soixante deuxième anniversaire de ma naissance, je pense à mes bien-aimés parents, au bon Prêtre qui m'a baptisé, à mon parrain qui était mon grand-père paternel, à ma marraine qui était la sœur de ma mère. Il y a déjà longtemps que tous ont quitté ce monde.

Où sont-ils ? Ah ! Seigneur, je vous ne prie, qu'ils soient avec vous, dans la bienheureuse compagnie de vos Saints..

19 Février.

Oui, l'amitié sainte doit avoir des ailes comme en ont les Anges, sans cela elle ne pourrait pas s'élever assez haut, ni aller assez loin. Il ne faut donc pas s'arrêter aux traits du visage de son ami ou de son frère, ni à la paleur de ses joues, ni à la fatigue de ses yeux. Il faut franchir outre, comme on franchit les portes d'une ville pour pénétrer dans son enceinte. Il faut que l'âme aimante s'unisse à l'âme aimée pour souffrir, pour prier, et pour s'immoler, avec elle, à la gloire de Dieu, et au profit des pauvres pécheurs, en union avec l'âme sacrée de Notre-Seigneur Jésus-Christ. Par conséquent, elle doit s'identifier à sa vie en deçà des murs et non au delà, c'est-à-dire plus à sa vie intérieure et spirituelle qu'à sa vie extérieure et temporelle... *Mihi vivere Christus est... Habeamus cor unum et animam unam, sed in Christo, sed in Deo qui est omnia in omnibus...* O qui me donnera d'aimer mes amis de la sorte, d'aimer, en eux, la pureté de la conscience, leur union avec Dieu en Jésus-Christ, leur désir de sacrifier toutes choses au bon plaisir de Dieu... O belle et sainte amitié!... Saint Jean qui avez eu l'honneur et le bonheur d'être l'ami de Jésus, obtenez-moi la grâce d'aimer Jésus comme vous l'aimiez et de chérir les âmes comme vous les chérissiez pendant votre vie mortelle.

28 Avril.

Voici le 15ᵉ jour que la maladie est venue me visiter. *Sit nomem Domini benedictum.* Ces jours qui m'ont condamné à rester chez moi, loin de l'Eglise, privé des consolations du saint ministère, n'auront pas été cependant, je l'espère, sans fruit pour mon âme. J'ai pu méditer à loisir les années éternelles, faire un examen plus sérieux de ma conscience, regretter plus amèrement le bien que je n'ai pas fait ou que j'ai mal fait, les péchés de toute ma vie depuis ma petite enfance jusqu'à cette heure. Seigneur Jésus, ai-je dit bien souvent, Seigneur Jésus qui êtes mort pour moi et qui êtes ressuscité pour ma justification, ayez pitié de ma pauvre âme! Si je dois dans vos desseins adorables, relever de cette maladie, et malgré l'infirmité qu'elle m'apporte, qui, parait-il, ne finira qu'avec elle, si je dois recouvrer assez de forces pour travailler encore un peu à l'œuvre du salut des âmes, faites que mon cœur soit réellement un cœur de prêtre, un cœur d'apôtre; que vous puissiez être véritablement glorifié par moi, votre misérable, mais dévoué serviteur.

29 AVRIL.

Le prophète Daniel!... Que les chapitres qui renferment son histoire, celle de ses trois compagnons jetés dans la fournaise, celle de Nabuchodonosor et de Balthazar : Que tous ces chapitres sont beaux, admirables, divins...

8 Mai.

C'est le premier soir que j'assiste au mois de Marie qui est prêché par l'abbé De *** vicaire à Notre-Dame de Lorette. J'étais retenu à la maison, les jours précédents, par les soins qu'exigeait ma pauvre santé assez éprouvée depuis un mois. Le bon Dieu m'a pourtant permis de faire la première Communion à mes chers petits paroissiens au nombre de 152 : 72 garçons et 80 jeunes filles. Quelle belle journée pour ces chers enfants, pour leur parents et pour tous ceux qui s'intéressent à leur bonheur et à la gloire de Dieu ! Mgr de Forges leur a administré à 1 h. 1/2, le Sacrement de Confirmation. Vendredi, à 9 heures, a été célébrée la messe d'actions de grâces suivie de la rénovation des promesses du baptême, de la consécration à la sainte Vierge et de la distributions des cachets de première Communion. Hier Dimanche, j'ai distribué les récompenses aux jeunes filles des Catéchismes de persévérance.

La fatigue de toute la semaine dernière et de la journée m'a retenu au lit, ce matin, et privé du bonheur de dire la sainte messe. Maintenant, je me sens mieux. J'attribue, surtout, ce soulagement aux prières que l'on a faites pour moi et à l'intercession de la sainte Vierge. Hélas! je ne mérite pas toutes ces faveurs, moi qui, malheureusement, ai tant offensé le bon Dieu. Si, du moins je souffrais avec patience, quand je suis affligé corporellement et spirituellement! Ce serait une bonne manière de faire pénitence. Mais autant il est facile d'être patient, quand on n'a rien ou presque rien à supporter dans son corps ou dans son âme, autant cela est difficile, quand la main de Dieu s'appesantit un moment sur nous... Continuez donc de prier pour moi, âmes saintes et dévouées que N.-S. J.-C. presse de son ardente charité, et qui, grâce à elle, voyez dans ses prêtres d'autres lui-même auxquels vous désirez ardemment faire du bien! O Jésus, souverain prêtre, Notre sauveur, Notre frère et Notre ami, animez-moi de mon côté, pour les âmes que je dois aimer en vous et pour vous, de la même charité. Mettez dans mon cœur la sensibilité non de la nature, mais de la grâce, et que je sois, comme vous, et, après vous, comme vos saints apôtres, un saint Paul! par exemple, toujours prêt à m'immoler pour vous et pour elles à la gloire de votre Père Céleste. Amen...

4 Juin.
Dimanche dans l'Octave de la Fête-Dieu

Que de choses viennent de se passer heureusement pour ma famille et pour moi, depuis le 1er Mai!

1893

Maxime, l'échappé à la mort, (on peut le dire en vérité après l'accident qui lui était arrivé le 14 Janvier,) Maxime R*** a fait sa première Communion et a reçu la Confirmation au Prytanée de la Flèche, le 18 Mai, sous les yeux de sa mère, de sa sœur, de son frère, et de son oncle, le curé de Sainte Elisabeth…

Marthe B***, la chère petite aveugle, élève des Dames de Saint-Paul, vient, jeudi dernier, d'avoir le même bonheur.

C'est moi qui lui ai donné Jésus, notre divine Victime en nourriture, en présence de sa mère, venue heureusement de Lyon pour cette belle circonstance, en présence d'Emile et de sa femme, de Berthe Paul et de Marguerite…

Enfin, hier, samedi, j'ai assisté à la première Communion et à la Confirmation de Pierre (Joseph S***).

Dans l'intervalle, c'est-à-dire depuis la veille de la Pentecôte jusqu'au lundi après la Trinité, j'ai eu le bonheur de passer 8 jours dans le couvent des Sœurs de la Croix de Saint-André à LaPuye et d'y faire une sainte retraite. *Gratias Deo super inenarrabili dono ejus!...* J'ai reçu à La Puye non seulement des grâces spirituelles, mais des grâces temporelles. J'en ai rapporté (par les bons offices et l'efficacité du remède de la bonne Sœur Alodius, chargée de la pharmacie,) la tête et la queue de l'ennemi qui me dévorait les entrailles, je ne sais depuis combien de temps. Me voici délivré de cette triste maladie qu'on appele le Ténia. C'est un grand bienfait dont je remercie la divine Providence. Mais je remercie surtout cette Providence du bon Dieu de ce qu'elle a permis à ma sœur Elise de venir à Paris. O comme je lui demande, à notre grand Dieu si bon et si puissant, d'achever son ouvrage et de rendre une santé parfaite a ma chère sœur...

11 Juin.

Je viens d'avoir la visite d'un jeune

homme de 19 ans, bachelier ès lettres, qui se prépare pour l'école normale. Il est Juif de naissance, mais Dieu a touché son cœur, il désire se faire catholique. Il le serait déjà s'il ne craignait d'affliger ses parents, sa mère surtout. Il m'a donné l'assurance qu'il ne tardera pas à exécuter son dessein. Il aime tant nos églises! Cœur de Jésus, parlez vous-même au cœur de ce bon jeune homme. O Marie, je le confie à votre cœur de mère. Saint Joseph, priez pour lui. Saint Paul dont il va lire les épitres, priez pour qu'il se convertisse bientôt!...

25 Juillet.

Je suis rentré hier de mon voyage dans la Haute-Loire, les Basses et les Hautes-Alpes, Allevard, Beaune, Velars. J'ai visité successivement tous mes chers parents. J'ai offert mes hommages et mes prières à la Très-Sainte Vierge au Puy, où elle est honorée sous le vocable

de Notre-Dame de France, et à Velars.
près Dijon, où elle est honorée sous le
nom cher à toute la Bourgogne de Notre
Dame d'Etang. Le gardien du sanctuaire
de Velars est un saint prêtre, M. l'abbé
Bernard Javelle. Depuis 35 ans, il est
Curé de cette pauvre petite paroisse où
il fait, humblement, un bien immense
connu surtout du bon Dieu. Sans fortune
personnelle, mais aidé par la Providence
il a restauré le culte de Notre-Dame
d'Etang; et le monument qu'il élève à
sa gloire, sur le sommet de la montagne
voisine, témoignera aux générations
présentes et futures combien il avait à
cœur le culte de Marie. C'est dans le
courant de cette année, m'a-t-il dit, qu'il
espère dresser la belle statue de la
Vierge mère, fondue en bronze d'après
le dessin d'Over-Becke, au-dessus
du monument qu'il est en voie
d'achever.

De ce sommet glorieux, Marie répan-
dra ses grâces, j'en ai la confiance, non

seulement sur la Bourgogne et la France, mais encore sur toute l'Eglise.

J'ai passé six jours avec ce digne prêtre, aux pieds de la Sainte Vierge, pour ainsi parler. Puissé-je avoir rapporté de mon commerce avec l'homme de Dieu un plus grand amour de Notre Seigneur et de sa Sainte Mère, un dévouement plus généreux et mieux entendu aux intérêts de Dieu et des âmes. Amen!

3 Aout

Jeudi. A deux heures, dans la salle de Tivoli, distribution des prix aux enfants des sœurs de mon école. Belle fête de famille. Que le bon Dieu soit à jamais béni de tout ce qu'il a fait pour ces enfants, car rien ne vaut une éducation religieuse. *O quam pretiosa est casta generatio cum charitate !* (Sap. 4. 17.)

Quis sapiens et intelliget ista?

Intelligens et scies hæc? quia rectæ viæ Domini, et justi ambulabunt in eis, prævaricantes vero corruent in eis (Chap XIV. arr.)

Pietas ad omnia utilis est (Timothée. 4. 8.)

15 Septembre.

Amédée est venu m'apprendre, il y a quelques jours, la mort de sa mère qui s'est éteinte à Saint-Étienne, après une assez longue maladie, le 4 septembre. Elle était âgée de 76 ans. C'était une aimable personne dans le commerce habituel du monde, mais très autoritaire dans sa maison. Ses belles-filles en ont su et en savent encore beaucoup sur ce chapitre. Ma pauvre sœur est morte à la peine. Heureusement que dans l'éternité les caractères des élus se transforment au contact de la bonté infinie. Sans cela il leur serait impossible de vivre ensemble dans le paradis.

Avant-hier, je dinais avec Emile et son fils Louis, chez mon frère Joseph. La conversation tomba sur l'évènement du lendemain, l'intronisation à Lyon de Monseigneur Coullié devenu, par la grâce de Dieu et celle du Saint-Siège apostolique, Archevêque de Lyon, Primat des Gaules, lui qui d'abord simple vicaire à Sainte Marguerite et à Saint Eustache, ensuite premier vicaire à Notre-Dame des Victoires, puis Promoteur du diocèse de Paris, avait été nommé Évêque d'Orléans après la mort de Monseigneur Dupanloup. Quelle fortune! dirait un mondain. Quel coup de la Providence! dirais-je en chrétien. Cette bonne Providence a ses raisons particulières dans l'élévation des hommes, comme dans leur abaissement. Je veux croire que le séminariste d'Issy, mon compagnon à Notre-Dame de Lorette, mon second à Saint Eustache, n'est monté si haut que pour procurer la gloire de Dieu et le salut de beaucoup d'âmes. Je l'ai accompagné, hier, de mes vœux et de mes prières, comme je le ferai demain pour Monseigneur Hautin, évêque d'Évreux, passant de ce siège à celui de Chambéry. Monseigneur Hautin m'avait remplacé autrefois à l'archevêché en qualité de secrétaire archiviste, à l'arrivée du cardinal Morlot. Mais il n'avait pas tardé à se déplaire dans cet emploi et l'abbé Lagarde l'avait fait nommer curé de Bonneuil. Plus tard, il rentra à Paris et succéda à l'abbé Vernhes, comme supérieur du petit séminaire de Saint Nicolas. Monseigneur Coullié dont il était l'ami le fit venir à Orléans, après le départ pour Paris de l'abbé Lagrange, aujourd'hui évêque de Chartres, le nomma deux ans après son grand vicaire et, enfin, lui fit avoir, en 1890, le siège d'Évreux. Les voilà maintenant Archevêques tous les deux et sur des sièges limitrophes. Ils pourront, comme précédemment, se voir souvent, échanger leurs idées, s'encourager au bien. Oh ! qu'ils ont besoin d'avoir de grands sentiments, des vues droites des âmes énergiques ! Car c'est l'heure, plus pressante que jamais, pour les Évêques, de combattre le bon combat de Jésus-Christ et de mourir s'il le faut, sur la brèche pour faire triompher la cause de l'Eglise qui est la sienne.

16 Septembre.

J'ai bien souffert aujourd'hui. J'ai gémi, j'ai crié vers Dieu... Hélas ! que je suis douillet, sensible à la gêne, réfractaire à la douleur !... Pourtant je dois prêcher demain, ou du moins, parler à mes fidèles de Sainte-Elisabeth, à la messe de 9 heures, des douleurs de la mère de Dieu, de Marie notre mère... O quel sujet ! quelle source de pieuse et douloureuse compassion ! Marie pleine de grâces et pleine de douleurs, Marie percée d'un glaive par la parole du saint vieillard Siméon au jour de la Présentation au Temple de son divin Fils. — Marie noyée dans des flots d'amertume, quand, pendant trois jours, elle allait avec Saint-Joseph cherchant partout l'Enfant Jésus resté dans le Temple, Marie pleine de douleur, mais aussi de constance au pied de la croix sur laquelle souffrait et mourait son Fils adoré... *Quis est homo qui non fleret, Matrem Christi si videret dolentem cum Filio ?... Eia, Mater, fons amoris, me sentire vim doloris, fac ut tecum lugeam. Fac ut portem Chisti mortem, passionis fac consortem, et plagas recolere...*

Je vais donc m'endormir en repassant les strophes du *Stabat* et en priant la Sainte Vierge qui m'a engendré au pied de la Croix, au milieu d'un océan de douleurs, de me rendre patient dans la souffrance, puisque c'est par la patience que je puis espérer de plaire à Dieu, de faire un peu de bien à mes frères, de les engendrer par la foi à Jésus-Christ, et de me sauver avec eux. Aidé de ces pensées et de ces affections, soutenu par la grâce de Dieu qui se sert de l'infirmité et du néant même pour opérer des prodiges, je parlerai demain, comme il sera convenable, à mon peuple, sur la fête de la Compassion de la Sainte Vierge. C'est dans cet espoir que je vais prendre mon repos qui sera, s'il plaît à Dieu, un vrai et saint repos. *in pace.*

Sancta mater, istud agas, crucifixi fige plagas cordi meo valide.

18 Septembre

Ce sera demain le 25eme aniversaire de la mort de ma pauvre sœur Eugénie enlevée prématurément à notre tendresse, à celle de son mari et de ses enfants, le 19 septembre 1868. Elle était âgée de 33 ans et quelques mois. Je me rappelle que lorsqu'elle vint au monde dans le courant de Novembre 1835, j'étais couché, la jambe cassée, dans la chambre de ma mère. J'avais alors presque cinq ans. Mon frère Emile, élevé à Chateauneuf Val-Saint-Donat, par la mère Félicité ne devait pas encore être revenu de nourrice. On le retira à cette époque et la mère Félicité put nourrir à sa place notre nouvelle petite sœur. Cette excellente femme fut également la nourrice de mes jeunes frères Hippolyte et Paul. Elle avait pour mari un brave cultivateur qui faisait valoir ses terres et se montrait fier de sa nombreuse famille. Mon père et ma mère allaient de temps en temps à Châteauneuf embrasser leurs enfants, et c'était toujours un plaisir pour moi de les accompagner. Il me semble me voir dans le cabriolet à deux roues, assis entre mon père et ma mère, roulant, traînés par Coco, sur la route de Provence, saluant les amis et les clients de Pépin, et arrivant à Châteauneuf où tout le monde, chez les Mouranchon, se mettait en quatre pour nous recevoir. Pendant que la mère Félicité préparait son omelette, mon père causait avec le père Mathieu, s'informait de ses enfants, grands et petits, nés ou

à naitre, s'asseyait sur l'aire, à l'abri du
soleil, adossé contre un gerbier, prenait
sur ses genoux un des nourrissons du
moment, Eugénie, par exemple, Joseph,
Hippolyte ou Paul, l'amusait par ses
chants, tirait sa montre à répétition
qu'il faisait sonner et que l'enfant sai-
sissait à pleines mains ou à belles dents.
Il était tard quand nous revenions de
ces excursions pacifiques. Coco n'allait
pas très vite, si ce n'est à certaine descente (le pont de Jabron) où mon père
aimait à le voir courir. Ma mère se tai-
sait habituellement. Moi je rêvais aux
arbres du chemin, ou aux nuages
et aux étoiles du ciel. Mon père
parlait pour nous deux. Il interpellait
Coco pour le faire avancer plus vite. Il
interpellait ma mère, en lui demandant :
« Eh bien ! Madame, à quoi songez-
vous ? — Après quoi, (c'était ordinaire-
ment à la montée du mon^t Gervy) il nous
chantait la romance de Millevoie (le
pauvre malade) ou quelque pastorale

telle que celle-ci : Rendez-moi mon léger bateau... etc.

Ces voyages à Château Neuf sont un des plus doux souvenirs de mon enfance. J'étais bien heureux d'aller en voiture, de voir la campagne, de recevoir les amitiés si affectueuses du père, de la mère Mouranchon et de leurs enfants, et surtout de passer avec eux la fameuse journée de leur *Vogue,* autrement dit de leur fête patronale qui avait lieu le Dimanche où l'on fête Notre Dame de la Croix (en septembre).

Ces braves gens faisaient réellement partie intégrante de la famille. Quand ils se rendaient à la ville, avec leurs charrettes et leurs mulets, pour y vendre les produits de leurs champs, ils ne manquaient pas de venir à la maison. La visite de la mère Félicité était toujours un évènement heureux. Ceux qu'elle avait nourris de son lait ne lui étaient guère plus chers que leurs frères et sœurs qui tous l'appelaient simplement leur mère.

Ah! quelle bonne et sainte créature du bon Dieu que cette femme de la campagne au cœur si large! à la délicatesse si grande qu'il fallait lui faire presque violence pour obtenir d'elle qu'elle se mit à table et mangeât avec nous! Ma mère l'aimait tendrement. Et, certes, aurait-elle pu ne pas aimer une femme qui semblait un miroir d'elle-même par son amour pour la vie domestique, son bon sens, sa modestie et son empressement à rendre service? Mon frère Joseph, (le 6 me des 12) avait été nourri par une femme des environs des Armands. Mais étant tombé malade on eut l'heureuse pensée de le confier à la mère Félicité. Celle-ci voulut bien recevoir le pauvre petit; seulement elle y mit pour condition qu'on le lui laisserait soigner comme elle l'entendrait, sans l'intervention du médecin de la maison, quoique celui-ci fut l'ami de mon père. Mes parents y consentirent et firent bien, car Joseph revint à la santé, grâce au soins de la mère Félicité, tandis que le fils du médecin atteint de la même maladie, expirait, victime, on peut le dire, de la science plus étendue mais moins pratique de son père.

On peut voir dans le portrait de famille resté à la maison paternelle la bonne figure du petit Joseph arraché à la mort par la mère Félicité. L'enfant tient un sifflet à la main et sourit. Il semble tout heureux d'avoir conservé la vie grâce à la bonté de Dieu et au dévouement d'une sainte femme.

Aujourd'hui, 18 septembre, j'ai été voir ma sœur Elise chez les dames de Saint-Paul. Elle avait reçu la visite de mes excellentes paroissiennes Mesdames R. et V. Celle-ci lui avaient parlé d'une pieuse demoiselle, malheureusement bien malade en ce moment, qui est l'amie dévouée de Notre Seigneur et de tous ceux qui lui sont chers. J'ai recommandé à Elise de prier avec ferveur pour le rétablissment de cette personne dont la charité m'est connue.

Avant de m'endormir je vais demander au bon Dieu, pour ma pauvre sœur Eugénie, le repos et le bonheur éternel ; et pour tous ceux qui me sont unis par les liens du sang et de l'amitié la grâce de vivre et de mourir dans l'amour du Souverain Bien.

19 Septembre.

Le nom de ma pauvre sœur Eugénie a réveillé en moi des souvenirs qui se rattachent à ma toute petite enfance. Je veux les écrire ici, dans la crainte qu'ils ne viennent plus tard à s'effacer de ma mémoire.

J'ai la conscience d'avoir connu mon grand'père S***, bien qu'il soit mort en 1834, quand j'avais à peine trois ans. Il habitait avec une femme de service, appelée Marianne, le troisième étage de la maison qu'il avait acquise des poursuivants de M. d'Eyraud et dont il avait cédé le premier et le deuxième étage à mon père. Il me semble encore, après tant d'années écoulées, voir ce vieillard mangeant son diner servi sur une petite table auprès de la cheminée. Ma mère m'envoyait, sans doute, tous les jours, auprès de lui pour l'égayer par mes caresses et mon petit bavardage. Je vois, enfin, sa domestique à genoux devant le feu, et recevant soit quelque ordre, soit quelques remontrances à mon sujet. Mais là se bornent mes souvenirs. Ce n'est que par ouï-dire que j'ai appris certaines particularités de la vie et de la mort de mon grand'père. Il était l'ainé d'une très nombreuse famille dont j'ai connu quelques membres, notamment une de ses sœurs qui, devenue veuve, s'appelait la tante Angèle; et une autre dont la fille avait toujours beaucoup de plaisir à revoir mon père, ou l'un de nous, quand devenus plus grands, nous lui rendions visite à Marseille. Mon grand'père était né en 1761 et se trouvait à S*** au moment de la Révolution, investi de la charge de procureur c'est-à-dire, en termes d'aujourd'hui, d'avoué. Ses frères, Paul et Louis étaient partis pour les Antilles où recueillis par un oncle qui était curé de Saint-Pierre à la Martinique, ils gagnèrent de l'argent en s'adonnant au commerce, et revinrent plus tard en France s'établir à S*** où ils moururent. Mon grand'père eut beaucoup à souffrir de la Révolution. Il se cacha, un certain temps, dans les caveaux de l'église des pénitents où ses sœurs venaient lui apporter à manger. Il se réfugia, ensuite, dans les montagnes de la Drôme du côté du Ventoux, et exerça les fonctions d'instituteur à Mévœillon. Il y reçut la visite de ses sœurs auxquelles il raconta que sa dinde de Noël lui avait duré jusqu'à Pâques. Hyperbole de procureur !... J'ai connu à Montbrun un homme de ce pays qui avait été à son école et qui racontait que le magistrat qui lui faisait alors la classe passait aux yeux des parents de ses élèves pour un homme très capable, si bien au courant des affaires de la procédure qu'il indiquait d'avance aux plaideurs la manière dont les avocats de Grenoble les accueilleraient, la manière dont ils répondraient à leurs questions, et dont ils s'y prendraient, pour faire réussir leurs causes.

Revenu, à S***, après la chute de Robespierre, il se maria avec Thèrèse S***, sa petite cousine. C'est d'elle qu'il eut trois enfants. Mon père, ma tante B*** et celle qui épousa le commandant M*** frère de l'Evêque de Fréjus. Ma grand' mère mourut jeune ; et mon grand'père absorbé par les soins de sa charge et les intérêts de sa fortune ne donna pas une très grande attention au développement intellectuel et moral de ses enfants. Sa servante était une malheureuse femme que mon père dut chasser plusieurs fois et à laquelle il n'avait permis de rentrer près de son maître que par considération pour les désirs du pauvre vieillard, lequel succomba tristement à une attaque d'apoplexie, sans que mes parents qui habitaient au-dessous de lui dans la même maison se doutassent seulement qu'il fut malade. La domestique infidèle profita apparemment de son agonie pour le voler et nous aurait dépouillé de toute sa fortune si mon oncle B*** n'avait prévenu à temps mon père de ses agissements indignes. Je n'ai qu'un vague souvenir du jour des funérailles. Mais ce que je me rappelle bien c'est l'impression profonde et ineffaçable que la fin lamentable de mon pauvre aïeul produisit sur l'esprit de mon père.

Il en fut si profondément attristé, il en conçut un tel dégoût de sa maison, de ses affaires, et même de son pays qu'il forma le projet de liquider sa situation et d'aller s'établir comme avocat à Aix. Il faut dire que son ressentiment était basé sur des motifs assez sérieux. Car

ayant traduit la vilaine Marianne en justice, sous l'inculpation de vol domestique, il avait vu cette fille malhonnête
acquittée avec des considérants peu
flatteurs pour lui. Etant donc résolu à
s'éloigner de S... il commença par vendre une partie du rez-de-chaussée de sa
maison au cafetier qui l'occupait, déjà,
à titre de locataire. Et comme il craignait que ma mère ne lui fit des obser-
vations, à ce sujet, il profita du moment
où elle était à l'office un dimanche, pour
conclure le marché au prix de trois
mille francs. Plus tard, mais trop tard
pour ma pauvre mère qui passa toute
sa vie avec le regret et la douleur
d'avoir perdu la meilleure partie de sa
maison, mon frère Hyppolyte a pu racheter le café et recouvrer ainsi toute
entière l'antique demeure de nos parents.

Débarrassé de son rez-de-chaussée,
mon Père songeait à vendre son étude
d'avoué. Nous étions arrivés en l'année

1835. Ma petite sœur Emilie, née en 1832, était morte en 1833. Mon frère Emile, né un mois d'août 1834, était en nourrice chez la mère Félicité à Chateauneuf, val Saint-Donat. J'avais eu quatre ans le 9 février de cette année 1835, et je commençais à apprendre à lire avec ma mère, ma première et chère institutrice. Mon père profita des vacances du palais pour faire un voyage à Paris. Son intention était d'y jouer, car outre l'amour de la liberté, il avait encore celui du jeu. Et que d'argent n'avait-il pas déjà perdu ! Mais il voulait tenter encore la fortune et il allait à Paris exposer des sommes considérables. Cette expérience devait, grâce à Dieu, décider heureusement de son avenir en le guérissant de sa passion. En effet, nous a-t-il dit souvent, je fus si mécontent du spectacle qui s'offrit à moi dans la salle des jeux du Palais-Royal; je trouvai si sots et si ridicules des gens qui jouaient sans passion, gagnaient ou perdaient avec indifférence, râtelaient l'or comme une vile poussière, que je ne jouai pas même un louis, et revins chez moi avec la ferme résolution de ne plus jouer de ma vie !

Résolution qu'il tint fidèlement.

Lorsque mon père revint à S... il eut la joie de voir naître ma sœur Eugénie qui fut confiée aussitôt à la bonne mère Félicité. Mais il eut aussi la chagrin de me trouver étendu dans un lit de douleur, avec la jambe cassée.

Cet accident m'était arrivé le jour de la Toussaint. On m'avait envoyé avec ma bonne, en compagnie d'autres servantes conduisant des enfants de mon âge, jouer dans un jardin qui appartenait à mes parents et qui était situé à la porte de la ville, en face du couvent des capucins. Après que nous nous y fûmes amusés pendant quelque temps et comme je me trouvais derrière les autres dans le fond d'une allée, tout le monde sortit du jardin, y compris ma bonne qui me croyait parti devant avec d'autres

enfants. Elle tira donc la porte derrière
elle, la ferma à clef et, sans plus se
soucier de moi, s'en alla se promener
avec qui bon lui plût.

Quant à moi j'essayai vainement d'ouvrir la porte et, vainement, je criai et
appelai à mon aide, personne ne m'entendit. J'avais cependant hâte de sortir,
et ayant fait le tour du jardin sans trouver aucune issue, j'eus l'idée de monter
sur le talus qui dominait les remparts,
lesquels, de ce côté, servaient de limites
à la propriété de mes parents. Une fois
hissé sur cette petite terrasse je consi-
dérai un instant la distance à franchir ;
puis d'un bond je m'élançai... Mais
hélas ! je tombai dans le fossé où je me
cassai la jambe et m'ensanglantai le visage. Heureusement qu'un jeune homme
qui passait sur le chemin des Cordeliers
entendit mes cris de détresse et s'empressa de venir à mon secours. Il me prit
dans ses bras et me porta chez mon oncle B*** où je reçus les premiers soins

Ma pauvre mère avertie était toute bouleversée de voir son cher petit garçon dans un si triste état. Elle fit chercher le médecin lequel ordonna qu'on m'étendit sur un lit, la jambe entre des planchettes. J'y restait cinquante-cinq jours qui me parurent bien longs. Chaque fois que le médecin arrivait je ne pouvais 'm'empêcher de crier: « Voilà mon tyran! »

Cependant le retour de mon père fut un heureux évènement pour moi. Il revenait les mains pleines de petits jouets. Il me semble voir encore le beau pantin que je faisais si bien danser sur mon lit, les petits costumes parisiens que je contemplais avec ravissement, et les charmants outils que je retirai les uns après les autres d'une grande boite de menuiserie à l'usage des enfants.

Comme autres distractions j'avais les histoires que me racontaient les bonnes femmes qui me gardaient et les visites de toutes les personnes de la famille.

C'était d'abord la tante Angèle, la vieille sœur de mon grand'père qui arrivait affublée de sa pelisse aussi vieille qu'elle et de sa légendaire chaufferette. Cette excellente femme, type de l'ancien régime, ne concevait pas qu'on pût aimer, dans la famille, d'autres enfants que les ainés. A ce compte, elle avait pour ma cousine Aglaès B*** et pour moi une affection passionnée. Mais pour les sœurs de ma cousine et pour mon frère Emile et ma sœur Eugénie, et, surtout, plus tard pour Joseph, Hippolyte et Paul, elle ne ressentait presque aucune tendresse. Elle regardait au contraire chacun d'eux comme un co-partageant des biens qui auraient dû, suivant elle, revenir à moi seul, et les traitait presque en ennemis. « Qu'on les baptise, disait-elle, et qu'on les enterre!...

On ne sera pas étonné après cela qu'à la veille de mourir, elle ait dit à mon père, en l'avertissant qu'il eut à se conformer à ses dernières intentions « Joseph, tu sais que je ne veux rien laisser à ma fille que j'ai dotée et qui est bien mariée à Cavaillon. Donc, si mon fils parti depuis longtemps pour la Martinique se trouve n'être plus de ce monde quand je mourrai, je veux que ces dix-huit cent francs, fruit de mes économies, qui sont cachés là, derrière mon lit, deviennent la propriété de ton Ernest. » Mon père feignit de le lui promettre. Mais après sa mort, ayant appris le décès de son fils, il s'empressa de remettre à la cousine de Cavaillon le petit héritage auquel elle avait droit.

La tante Angèle restait des heures entières auprès de moi, ou, plutôt auprès de la fenêtre d'où elle regardait tous les gens qui passaient, faisant tout haut de piquantes remarques sur chacun d'eux. Après la tante Angèle venait la sœur de mon père, ses cousins et cousines. Quand tout le monde était parti, mes gardes recommençaient leurs histoires de revenants. Quelles impressions absurdes faisaient sur mon imagination d'enfant ces récits extravagants et stupides ! Certes, leur intention était bonne. Mais combien toutes ces braves femmes eussent mieux fait de me dire des histoires vraies et sensées.

Cependant l'heure arriva où le médecin sortit ma jambe de l'appareil et m'engagea à essayer de marcher à l'aide de béquilles. O maman, dis-je à ma bonne mère qui m'avait habillé et levé bien doucement, « non, pas de béquilles, pas de béquilles! » Et aussitôt je me mis à marcher tout seul en me tenant simplement aux chaises. Arrivés à l'extrémité de la pièce où il n'y avait plus rien pouvant me servir d'appui, je m'arrêtai un instant, puis je marchai résolument vers la porte du cabinet de mon père. Ma mère qui me suivait d'un regard attendri se mit alors à l'appeler. Mon père ouvrit la porte et je me jetai dans ses bras. Ah! quel bonheur pour tous les deux de voir que leur cher petit Ernest

était vraiment guéri, et qu'il ne lui res-
terait aucune suite fâcheuse de son terrible accident! Quelles actions de grâces
ils en rendirent au ciel!

Bien des années se sont écoulées depuis ce jour mémorable. Mon bon père
et ma tendre mère ne sont plus là pour
se réjouir avec moi. Mais s'ils habitent le
ciel, comme je l'espère, ils peuvent voir,
dans la lumière de Dieu, qu'ils n'ont pas
donné le jour, qu'ils n'ont pas prodigué
leurs soins à un ingrat et que toute ma
vie je bénirai la Providence en pensant
aux bienfaits de mes parents.

Quand aux béquilles on les porta à
Saint-Domnain et on les suspendit, en
ex-voto, dans la vieille chapelle où elles
resteront comme le témoignage de notre
perpétuelle gratitude.

22 Septembre,

*Misericordias Domini in æternum can-
tabo...*

Ce cri de reconnaissance envers Dieu

s'échappe spontanément de mon cœur et de mes lèvres au souvenir des accidents si nombreux qui ont menacé mon existence depuis bientôt 63 ans que je suis au monde. J'ai raconté dans mon journal l'histoire de ma jambe cassée. J'aurais pu dire qu'à ma naissance ma mère me donna, en guise de nourriture, bien moins le lait qu'elle n'avait pas que les larmes dont son pauvre cœur était gonflé. Car ce fut sur ces entrefaites qu'elle perdit son père, notaire honoraire à Se... Cette mort l'affligea extrêmement. Mon grand'père maternel, resté veuf de bonne heure, jouissait d'une réputation de probité et de sainteté dans toutes les Hautes-Alpes. Le matin même du jour où il mourut il était allé à l'Eglise et avait fait la sainte Communion. Rentré chez lui, il eut une défaillance et, le soir, il expirait entre les bras des siens.

J'entends par là mes deux oncles Louis et Hippolyte et ma tante Amélie qui fut ma marraine et dont le mari était un patricien distingué.

Tout ce coté de la famille était légitimiste. Mon père, était, au contraire, franchement républicain. Aussi, des querelles s'élevaient-t-elles sans cesse au sujet de la politique. On discutait beaucoup, chacun exaltant l'excellence et les bienfaits du régime de son choix. Puis, le moment de se séparer arrivé, chacun des combattants retournait sous sa tente, je veux dire dans sa maison, convaincu, plus que jamais, que lui seul était dans le vrai.

Ma bonne marraine avait deux fils dont l'un devint docteur en médecine et l'autre prêtre. Ce dernier fut l'instrument dont la Providence se servit pour m'inspirer l'amour des choses saintes et le désir de me consacrer à Dieu. Ma tante avait aussi une fille qui vit encore aujourd'hui au couvent du Saint-Cœur de Marie et que je vais toujours voir avec grande joie, quand je le peux, pendant mes vacances. Enfin, un quatrième enfant fut envoyé par Dieu à mon oncle et à ma tante R*** mais il est mort depuis quelques années.

N'ayant pu continuer à me nourrir faute de lait, ma mère fut bien forcée de se séparer de moi et de me chercher d'autres nourrices. J'en eus deux. La première, brave femme de la Clapisse, ne me garda que peu de temps. La seconde, la bonne Marie, surnommée la *Santa-Dei* à cause de sa piété, me soigna avec tendresse et resta, pour moi, jusqu'à la fin de sa vie, une seconde mère. Elle habitait, avec son mari paysan pur sang, peu ami des bourgeois, cette partie de notre ville qu'on désigne sous le nom de La Coste, espèce de faubourg aux rues tortueuses et étroites uniquement occupées par des paysans. La maison de mon père nourricier se composait d'une écurie et d'une pièce éclairée par une grande fenêtre et qui servait tout à la fois de cuisine, de salle à manger, de chambre à coucher, de magasin à provisions et même de cave, car elle s'enfonçait à l'extrémité jusque au dessous du roc que surmonte la citadelle.

C'est dans cette sorte de maison de Nazareth que j'ai passé une grande partie de mon enfance, entre les bras de ma mère nourrice et choyé même par son mari, le père Thiers, qui, malgré la rudesse de son caractère et son aversion jalouse pour ceux qui ne se livraient point au dur travail des champs, me laissait trôner chez lui comme un petit roi.

Aussi, devenu grand, je trouvais toujours un véritable plaisir à monter à la Coste où j'étais accueilli par tout le monde comme un enfant chéri. Je m'installais, en maître de maison, chez ma bonne nourrice. Puis je parlais, à tort et à travers, de mes études, de mes succès dans mes classes, de mes projets d'avenir. Je disais, je m'en souviens très-bien, que je serais heureux de me faire missionnaire, d'aller prêcher l'Evangile aux sauvages, et sur ce je commençais à catéchiser mon vieux païen de père nourricier à qui je reprochais souvent ses blasphèmes, son attachement passionné aux biens de la terre, son oubli de la sanctification du Dimanche. Le père Thiers me laissait dire, hochait la tête, répondait qu'il ne travaillait les jours fériés que par nécessité, enfin cherchait à s'excuser de son mieux.

Mon frère Emile m'accompagnait parfois chez ces pauvres gens. Mais, plus réservé et plus fier que moi, il se prêtait moins volontiers à leurs démontrations affectueuses.

Une fois dans l'année, à Pâques sans doute, nous étions invités chez eux, à un diner de gala. C'était la seule circonstance, je crois, où mon père et ma mère nourriciers mangeassent de la viande de boucherie. Habituellement ils se nourrissaient de soupe, d'un peu de lard, de fromage et de légumes. Tous ces mets, quelque grossiers qu'ils fussent, me paraissaient exquis, quand il m'arrivait de les partager avec eux. Bref, la Coste etait mon pays de prédilection, sans doute parce que mon amour-propre y trouvait parfaitement son compte.

Ma mère nourrice venait de temps en temps voir ma mère. C'était elle qui apportait à la maison la feuille (pour les paillasses) qu'elle allait chercher dans les bois communaux de Chapayge, au delà du Jabron. Elle aussi qui venait arranger avant les fêtes de Noël le fameux porc qu'on tuait à ce moment. Elle, enfin. qui faisait, à la tête d'autres ouvrières, la cueillette des olives à Montgervy et présidait, bièntôt après, à la fabrication de notre fameuse huile dont nous étions si fiers, que nous conservions, avec tant de soins, dans d'immenses jarres placées le long de la muraille d'une dépense, et dont nous nous servions pour préparer tous les mets, car le beurre était inconnu chez nous.

Ma mère nourrice m'était donc très chère. Et quand j'eus quitté les Alpes, je ne manquai jamais de lui envoyer mes amitiés dans les lettres que j'écrivais à mes parents. Je pris une part très vive au chagrin qu'elle éprouva de perdre tous ceux qu'elle aimait. Et je lui conserverai une reconnaissance éternelle du maternel et constant dévouement qu'elle ne cessa de me témoigner depuis ma plus petite enfance jusqu'au dernier jour de sa vie.

Quelques mois après mon entier rétablissement, mes parents me demandèrent si je voulais aller à l'école communale où si je préférais suivre la classe de *Tata Coutelle*. On appelait ainsi une bonne et vieille religieuse qui avait été chassée de son couvent par la révolution et qui apprenait à lire aux petits garçons et aux petites filles de S... Je n'hésitai pas un moment à choisir *Tata Coutelle*.

Je la vois encore avec sa robe de bure, sa coiffe noire, sa guimpe noire aussi; je la vois assise sur son vieux fauteuil de paille et tenant à la main un long bâton à l'aide duquel elle rappelait doucement à l'ordre son bruyant petit auditoire. J'ignore combien de temps je restai son disciple et si je sortis de son école très ferré sur la lecture. Mais je sais bien qu'elle dût m'apprendre à bien aimer le Bon Dieu et à répéter souvent les doux noms de Jésus et de Marie. Du reste, ma mère me faisait réciter mes prières soir et matin et m'initiait à la récitation du chapelet, pieuse pratique qu'elle eut soin d'enseigner constamment à mes frères et à mes sœurs.

J'avais sept ans et j'entrais dans ma huitième année quand je fus envoyé au collège de S... Ici mes souvenirs deviennent plus précis. Malheureusement, ils me rappellent de tristes choses. Jeunesse, hélas! a dit Gressot, apprend trop tôt le mal. Et les proverbes nous avertissent qu'il n'est personne, pas même l'enfant, surtout l'enfant, qui soit exempt d'erreur, de vice et de péché! (Prov. XX. 9 — id — 11 — id — 14.

Le collège où j'allais me trouver bientôt en contact avec de mauvais camarades ne devait pas tarder d'être pour ma fragile innocence une épreuve terrible. Je confesse ici bien amèrement les sottises sans nombre que j'ai faites, pendant les huit ou neuf ans que j'ai passés au collège de S..., et je demande à Dieu de me les pardonner.

Mais, avant d'aller plus loin dans ce journal, je me demande si je fais bien d'y consigner ainsi mes souvenirs d'enfance. Qui peuvent-ils intéresser? Quels enseignements renferment-ils? N'est-ce point perdre un temps précieux que de faire revivre, sur ces pages éphémères, des impressions purement personnelles et des images depuis longtemps évanouies? Qu'importe, en effet, au reste de mes semblables que j'aie mis 8 ou 9 ans à

apprendre péniblement des choses qui
sont la monnaie courante de toutes les
études classiques; que j'aie eu plus ou
moins de succès dans mes classes ? que
j'aie été, enfin, reçu Bachelier es-lettres,
à Aix, par le futur ministre de l'empe-
reur Napoléon III, M. Fortoul, alors
doyen de la faculté des lettres dans
cette ville ? Non, je ne m'attarderai
pas à faire l'histoire de ces années
de collège qui me paraissaient bien longues et qui ne différaient entre elles que
par le changement du professeur et des
matières de la classe. Ce qui les distin-
guait cependant, c'était, hélas ! le pro-
grès de la plupart de mes condisciples
et le mien aussi dans le mal, les mauvaises lectures, les mauvaises conversations, les mauvaises actions. Mon
père qui avait peu de confiance dans la
vertu des jeunes gens, ne se trompait
pas toujours quand il me soupçonnait
l'auteur de quelque méfait. Avant ma
première Communion que je fis le 2 Juin

1844, je me rendis coupable de bien des mensonges, de bien des vols domestiques, par exemple de celui d'une jolie petite clef de la chiffonnière de ma mère. Je voulais regarder quelque chose dans son tiroir. Mais, entendant du bruit, je tournai vivement la clef et la jetai ensuite bien loin, sous une grande armoire. On chercha cette clef partout. Et, pendant des années entières, j'eus le malheur de nier effrontément que je l'avais prise. Enfin, je finis par avouer à ma mère ce que j'en avais fait. On la chercha sous l'armoire. Ce fut en vain. On ne la retrouva jamais. Les rats l'avaient, sans doute, emportée dans le grenier.

A l'époque de ma première Communion j'éprouvai un grand repentir de cette faute et de toutes les autres de mon enfance. Je formai la résolution fervente de ne plus jamais pécher. Mais, hélas ! dès que ces heureux jours furent passés, je retombai bien souvent. Il me faudrait la plume et le cœur de saint Augustin pour faire le récit exact de toutes mes iniquités. Qu'il me suffise de les pleurer ici, aux pieds de Jésus, mon bon Maître, en le remerciant mille et mille fois d'avoir eu pitié de ma misère et de m'avoir tiré du milieu de la corruption où tant d'autres sont morts. O mon Dieu ! quand ma pensée se reporte sur toutes ces ignominies du collège, sur cette dépravation précoce de mon cœur, et que je vois avec quelle bonté vous avez attendu l'heure de ma conversion; quand je me retrace les avertissements de ma mère, de mon père, des bons prêtres qui étaient les confidents de mes excès, le bon abbé Caire, l'abbé Constant, et, surtout, les suaves exhortations de mon cousin l'abbé R*** qui venait presque chaque année passer quelque jours avec nous, et que j'accompagnais régulièrement pendant les vacance à S***, — oh ! quand je songe à tout cela, il m'arrive ce que j'ai éprouvé tant de fois à Saint-Sulpice pendant mes retraites ; je me sens tout confondu de mon indignité, tout pénétré de gratitude envers le bon Dieu. Eh quoi ! Seigneur, c'est moi que vous avez choisi pour être un jour votre ministre, moi, qui, si longtemps, ne songeai qu'à mal faire et qui avais l'audace de dire: quand je serai Bachelier, je me convertirai. Malheureux ! et si la mort m'avait surpris alors comme elle a surpris tel et tel de mes camarades que je pourrais nommer ? où serais-je en ce moment ? Vous m'avez conservé, ô mon Dieu, malgré mes infidélités. Vous avez fait de moi un vase d'élection, de vase de colère que j'étais. Ah ! soyez-en mille fois béni et mille fois remercié !...

Je dois cependant ne pas omettre de rappeler trois ou quatre circonstances en lesquelles la bonne Providence de Dieu me fit éviter la mort, ce dont je lui resterai toujours reconnaissant, car je n'étais guère préparé à paraître devant mon Juge.

Je jouais une fois, sur la grande place, avec des petits voisins, quand l'idée me vint d'aller me cacher dans la cave de la mairie. A peine engagé dans l'escalier je tombai sur un morceau de verre cassé et me mis la figure en sang. C'est miracle que je n'y ai pas laissé la vie.

Une autre fois, c'était le soir, je revenais du collège, l'obscurité était profonde, car notre ville si bien éclairée à l'électricité aujourd'hui ne possédait pas, dans ce temps-là, le plus petit réverbère. Un de mes camarades qui se trouvait à quelque distance derrière moi et qui ne pouvait me voir, ramasse une pierre et la lance en l'air sans réflexion. Or, la malheureuse pierre me retombe sur la tête, et m'y fait un si grand trou que je puis dire pour la seconde fois : C'est miracle que je n'en sois pas mort ! Mais voici qui aurait pu être encore plus grave.

J'avais peut-être dix ans. Ma mère était partie pour l'Eglise et j'allais l'y rejoindre quand un de mes camarades qui était protestant vint me proposer de l'accompagner du côté du Logis-neuf, sur la route de Gap, où il voulait aller chercher des nids. J'accepte comme un étourneau. Et me voilà parti avec ma belle chemise blanche dont le col était rabattu sur une blouse de lasting toute neuve. Après avoir longtemps cherché sans rien trouver, voyant que l'heure s'avançait et craignant d'être punis, nous nous hâtons de repasser le pont du Buech, puis, pour revenir plus vite, nous avons l'idée de grimper sur la charette d'un paysan qui apportait ses légumes à la ville. Mais au moment même où j'étais en train de me hisser voilà qu'un cheval qui trottait derrière prend peur, s'élance au galop et s'a-vance sur moi. Je me précipite à bas de la charette pour me jeter de côté... Il était trop tard !... déjà l'animal m'avait atteint et m'ouvrait la tête d'un coup de pied.

Le sang m'innondait de toutes parts. Les passants effrayés s'approchent pour me porter secours. Quant à moi, je ne songeais qu'à répéter: « Ne le dites pas à papa ! ne le dites pas à papa !... Car je ne craignais qu'une chose: qu'il ne me punit comme je méritais de l'être. Cependant il savait déjà, par la rumeur publique, ce qui m'était arrivé. Il accourt au devant de moi en toute hâte, me fait entrer chez un brave forgeron qu'il connaissait et panse ma blessure. Puis il me reconduit à la maison en me disant d'aller tout de suite dans son cabinet afin que ma pauvre mère ne me voie pas dans le triste état où je me trouvais. Mais hélas ! à peine étais-je entré dans la maison que cette pauvre mère m'aperçut... j'en éprouvai un tel saisissement que je tombai sans connaissance à ses pieds...

Bref, j'en fus quitte pour quelques

jours de repos, mais je n'avais pas achevé la série de mes exploits.

Faut-il raconter ma noyade? C'est une lamentable histoire qui me couvre de confusion, car elle prouve combien j'étais étourdi et désobéissant.

C'était avant ma première communion. Je devais avoir à peu près 12 ans.

Mon père, mon frère et moi nous allions au Buech pour y prendre un bain, quand arrivés à l'aire de Saint-Jaume nous rencontrons une escouade de moissonneurs qui revenaient de Provence et remontaient dans leur pays. Sachant que son champ de la Baume demandait à être moissonné, car le blé était mûr, mon père arrête aussitôt les ouvriers : « Voulez-vous, leur dit-il, aller travailler dans mon champ?.. tenez, regardez dans cette direction, de l'autre côté de la Durance, cette grande pièce de terre »...

Les ouvriers regardaient bien, mais de savoir au juste, parmi tant de champs, trouver le nôtre, c'est à quoi ils renonçaient. « Eh bien ! » ajouta mon père, témoin de leur embarras, « je vais vous y conduire moi-même. Et quant à vous, mes enfants, nous dit-il, allez rejoindre votre oncle que vous voyez là-bas et baignez-vous avec lui ».

Sur ce, il s'éloigne avec les gens et nous courons, mon frère et moi vers le Bucch. Mais je me garde bien de me montrer à mon oncle. J'ôte mes vêtements à la hâte et, laissant mon petit frère sur la rive, je ne fais qu'un bond sur la rivière. Imprudent que j'étais !... à peine au milieu du courant je sentis les forces me manquer. Je voulus me cramponner aux poutres d'un radeau, mais j'avais le bras trop court pour l'atteindre. Bref, j'allais m'enfoncer dans l'eau quand une main vigoureuse me soutint et m'enleva. C'était celle d'un ami de mon père qui, fort heureusement, passait sur la berge à ce moment et à qui je dus mon salut.

Après cette belle prouesse je rentrai

en ville. Hélas ! enfant terrible, incorri-
gible, en passant devant le bassin de la
fontaine voila une nouvelle idée qui me
passe par la tête : celle de monter sur
une étroite barre de fer pour aller boire
à l'orifice du tuyau. Mais, à l'instant, je
perds l'équilibre et de nouveau je me
trempe jusqu'aux os. Une de mes cousines qui travaillait chez ma mère près
de la fenêtre et à laquelle on avait déjà
raconté confidentiellement mon accident
du Buech, témoin de mon second malheur ne pût s'empêcher de s'écrier : oh !
ma pauvre cousine ! quel terrible enfant
que votre petit Ernest !... Il n'y a pas
plus d'une heure qu'il a failli se noyer
dans le Buech et le voilà maintenant qui
s'est jeté dans le bassin de la fontaine !..

Est-ce besoin d'ajouter que je fus châ-
tié sévèrement ce jour là, et qu'après
avoir été bien grondé par ma mère, je
fus encore bien battu par mon père mis
au courant de mes sottises ? — Mais,
franchement, j'étais trop coupable pour

avoir le moindre droit de me plaindre.

Je raconterai encore deux autres traits de mon enfance pour en finir avec le chapitre des malheurs arrivés à l'enfant terrible, comme m'appelait, non sans raison, ma chère cousine. Mais je me hâte de dire qu'il n'y a rien de tragique ni de criminel dans ce qui va suivre. C'est tout simplement le récit de deux promenades un peu trop longues que je fis avec mon frère Emile. Voici dans quelles circonstances :

Nos parents étaient allés un dimanche, en voiture, sur la route de S*** visiter notre petit frère Joseph, chez sa nourrice, au quartier des Armands. Nous avions assisté, Emile et moi, aux vêpres de la paroisse avec le collège, et nous eûmes l'idée, au sortir de l'église, d'aller à la rencontre de nos parents. L'intention était assurément bonne, mais l'exécution nous coûta un peu cher, comme on va le voir.

Mal informés du chemin qu'avait pris

la voiture et croyant nos parents partis pour aller voir notre oncle G***, alors malade, nous nous dirigeons bravement, en mangeant le morceau de pain de notre goûter, sur la route de R***. Nous marchons une heure et nous nous étonnons, à bon droit, de n'entendre ni le bruit des roues de la voiture, ni la voix retentissante de notre père. Nous marchons encore, encore et si bien que d'heure en heure, de montées en descentes franchies à petits pas, de ruisseaux en ruisseaux traversés à gué, moi portant sur mes épaules mon pauvre petit frère, nous finissons par arriver à R***, à la tombée de la nuit et sans avoir rencontré âme qui vive. Mon oncle qui n'avait pas vu mes parents nous reçut fort mal et nous traita de petits déserteurs. Cependant il nous fit souper et mettre au lit, deux choses dont nous avions grand besoin, puis, tout préoccupé de l'anxiété où doit se trouver notre mère, il lui envoie un exprès à la hâte.

Ce n'était pas sans utilité. Ma pauvre mère, voyant que toutes les personnes expédiées à notre recherche n'avaient pu nous découvrir, était en proie aux plus mortelles angoisses. L'arrivée du messager la combla de joie.

La seconde promenade, annoncée plus haut, mériterait plutôt le nom de fuite. Pour la comprendre, il faut que je donne quelques détails sur notre vie domestique.

Mon père s'occupait beaucoup des affaires de son cabinet d'avoué et, quand il avait quelques moments de liberté, il en profitait pour visiter ses propriétés rurales. Son bonheur était de voir labourer ses champs, tailler ses arbres. planter ses vignes, cueillir les fruits, les raisins, et surtout les pistaches qui se vendaient bien à cette époque. Il nous associait volontiers à ses excursions et il aimait bien nous voir travailler de nos mains. Mais nous n'étions pas toujours ravis de ces sortes de travaux et il

en coûtait, par exemple, beaucoup à la
fierté naissante de mon frère Emile de
traverser la ville chargé des plantes du
jardin ou des courges du champ des
mares. Il nous en coûtait aussi, les jours
de congé, de faire des copies d'actes
dans le cabinet de mon père au lieu
d'aller jouer, dehors, avec nos camarades. Enfin il arrivait qu'on nous
rendait, journellement, responsables des
étourderies de nos frères et sœurs plus
jeunes et assez turbulents. Tout cela
faisait que nous nous trouvions
quelquefois très malheureux.

Un jour que mon père nous avait mal-
menés au sujet de ces maudites pistaches
qu'il fallait écaler avant de les mettre
sécher, nous résolûmes d'en finir avec
une vie si triste et de nous en aller bien
loin, jusqu'à Marseille où nous trou-
verions, sans doute, un sort moins cruel.

Aussitôt dit, aussitôt fait. Nous
quittons la maison comme deux vrais
petits déserteurs cette fois, et nous

gagnons la route de la Provence. "Non non, disait Emile, c'est fini, je ne retournerai plus jamais dans cette maison, j'y suis trop malheureux!"

Moi, cependant, je commençais déjà à réfléchir. Nous ne possédions que quelques sous dans nos poches. Et nous avions beau regarder à nos pieds, nous n'apercevions sur le chemin aucun des beaux louis d'or que nous avions espéré y trouver.

Arrivés ainsi à Briay, bien au delà de Chaterusse, je fis remarquer à Emile qu'il était prudent de nous arrêter et de rebrousser chemin. Il m'écoutait à peine et doublait le pas pour me montrer sa résolution d'aller jusqu'au bout. Mais je le raisonnai de mon mieux, et, enfin, je me mis en devoir de rétrograder. Force lui fut d'en faire autant. Il me suivit en maugréant, et comme la journée n'était pas encore très avancée, je lui proposai de nous arrêter à Chaterusse. Bien nous en prit. A peine y étions-nous, que mon père y arrivait de son côté. Ce pauvre père, en nous voyant au milieu des paysans qui ramassaient des pistaches, crut que nous étions venus tout exprès pour les aider. Il nous félicita de notre zèle et le loua bien fort, le soir, quand le souper nous réunit tous à la maison. « Les braves enfants, disait-il à ma mère, je les ai trouvés ramassant des pistaches à Chaterusse. Voilà un bon exemple pour leurs sœurs et pour leurs frères... » Émile et moi nous nous regardions en souriant. Mais nul de nous deux n'aurait osé dire où nous avions dessein d'aller en commençant cette belle escapade.

Maintenant je vais parler un peu de l'hôpital où se passa une bonne partie de mes moments de liberté dès ma petite enfance et jusqu'à l'époque de mon départ pour la capitale.

Je vois encore, dans les cours, à la chapelle, au parloir, deux vénérables religieuses: la mère Agnès et la Sœur Agathe. La première supérieure, la seconde son assistante. Mère Agnès était très populaire à S... Elle aimait beaucoup son cher hôpital qu'elle gouverna jusqu'à sa mort, c'est-à-dire pendant plus de quarante ans. La mère Agnès était grande et avait l'air distingué. Elle connaissait toute la ville. Les membres de l'administration de l'hospice l'estimaient beaucoup et n'avaient qu'à se louer de son intelligence, des soins qu'elle donnait aux pauvres et aux malades, et de son économie. Elle était chérie de toutes les religieuses qui la considéraient et la servaient comme leur mère. Et elle se montrait fort attachée à tous les membres de notre famille. Nous allions à l'hôpital comme chez nous, surtout depuis que mon père avait été maire, et, plus tard, lorsque mon frère Hippolyte fut devenu membre de l'admistration. Quand nous étions au collège, on nous envoyait pendant les vacances travailler un peu sous la direction de M. Castagnier, économe de l'hopital et ami dévoué de notre maison. Nous apprenions nos rudiments, latins et grecs, et nos leçons d'histoire sainte dans une haute pièce qui précédait le bureau de M. l'économe, lequel nous les faisait ensuite réciter.

La Mère Agnès me témoigna toujours beaucoup d'amitié, surtout lorsque je faisais mon séminaire à Paris ou à Rome et, ensuite, quand je fus entré dans le saint Ministère. Aussi, pendant mes séjours, j'allai presque toujours dire ma messe dans sa chapelle où elle m'offrait ses plus beaux ornements. Elle me faisait déjeuner dans son parloir particulier, me parlait de mes parents, de mes frères, de mes sœurs et puis, sur la fin de sa vie, me contait ses tribulations et ses peines. Ses peines, en effet, furent grandes quand elle fut obligée par la Supérieure des Sœurs Trinitaires de Valence, de céder le gouvernement de la maison à une sœur nouvelle, la mère Alphée, envoyée pour la remplacer. Auparavant elle avait eu la douleur de perdre son *alter ego* la mère Agathe, chargée à bon droit de diriger les infirmières des soldats malades. La mère Agnès avait cordialement pleuré la mort de mon père arrivée en 1869 et celle de ma mère survenue en 1874, Le bon Dieu l'a prise, enfin, elle-même, et j'espère qu'il l'a récompensée de tout le bien qu'elle a fait en ce monde. J'ai vu, les vacances dernières (1893), la mère Alphée. Comme l'avait fait autrefois la mère Agnès, elle m'a bien engagé à me retirer dans mon pays natal et à venir dire la messe, à l'hôpital, tous les jours. Est-ce là ce que le bon Dieu me réserve? *Videbitur infra.*

Je ne saurais omettre, dans mes souvenirs d'enfance, les fréquents voyages que je fis avec mon père et ma mère chez nos parents des Basses et des Hautes Alpes, dans le pays natal de ma mère, à S... Il était nuit, habituellement, quand nous y arrivions, car nous faisions toujours une halte assez longue à L... Que j'étais heureux, en apercevant toutes les petites lumières qui brillaient aux fenêtres du village, de pouvoir dire à mes frères... « Voyez-vous cette fenêtre si bien éclairée ? c'est celle de l'oncle R... et cette autre appartient à la maison de l'oncle G***. Et cette autre, encore, là-bas, c'est la fenêtre de nos cousins R***. » Alors, tout joyeux, on arrivait à l'auberge de France, on dételait le cheval et on se rendait, bien vite, chez nos bons parents qui nous recevaient avec force invitation à déjeûner, à dîner et à souper, chez chacun d'eux, pendant les jours suivants.

Je me plaisais beaucoup dans le pays de ma mère. Mon cousin, l'abbé, m'affectionnait particulièrement, me catéchisait avec ardeur et, à mesure que je grandissais, s'appliquait davantage à m'inspirer l'amour du bon Dieu. Je me laissais entraîner volontiers par son éloquence persuasive et je l'assurais que quand je serais bachelier je penserais d'une manière sérieuse à ce qu'il me disait sur l'état ecclésiastique. Il me faisait réciter, avec lui, les petites heures et le chapelet. Puis nous discutions au sujet de mes études historiques...

Nos parents nous conduisaient, aussi, en pélerinage à N.-D. du Laus, sanctuaire béni où ma mère aimait tant à nous recommander à la ste Vierge, par l'intercession de la bonne sœur Benoite.

Je me souviens, avec une émotion qui ne s'est pas encore éteinte, de l'impression profonde que produisirent sur ma jeune imagination les voyages faits, en compagnie de mon père, à Marseille et à Toulon. Nous montions, pour nous y rendre, dans une grande diligence; et quelle fête pour moi de voir, du coupé où j'étais assis, les grands chevaux de R... courir et galoper sur la route qu'ils semblaient dévorer ! Quel bonheur de traverser le beau pays de la Durance, de visiter la ville d'Aix et, enfin, de découvrir la mer!...

La première fois que je l'aperçus, à Marseille, je fus ravi d'admiration et je ne pouvais me lasser de contempler, du haut de Notre-Dame de la Garde, d'un côté la ville qui me paraissait si grande, si grande, et, de l'autre, la mer immense sillonnée de magnifiques vaisseaux qui arrivaient au port toutes voiles déployées...

Les voyages à Grenoble et à Lyon que j'ai faits plusieurs fois avec mon père en compagnie de mon cousin l'abbé R***, ont laissé dans ma mémoire des souvenirs moins agréables que ceux de Marseille, parceque mon père nous emmenait dans sa voiture qui était beaucoup moins expéditive que la diligence du sieur Rabanais et que mon père, d'un autre côté, très ami de la lecture, pendant les montées qui sont si nombreuses sur la route de S*** à Grenoble n'aimait pas à être distrait par les questions souvent réitérées de son petit compagnon.

Pourtant je n'ai pas oublié la vive impression que je ressentis en présence des routes vertigineuses de la Croixhaute, du vaste panorama des montagnes qui la suivent, et des belles vallées du Drach et de l'Isère. J'aime encore à me rappeler nos excursions à Lyon et à Grenoble et surtout à la grande Chartreuse. C'était à cheval que nous y grimpions alors, à partir de Saint Laurent du Pont, par un sentier longeant le torrent et très rocailleux. Nous assistions bien volontiers aux offices des Chartreux et j'étais assez gourmand des bonnes omelettes du frère hotellier.

Ce fut à la grande Chartreuse que mon père eut le bonheur de se convertir. Maintes et maintes fois il nous a raconté que le père Théodore, ancien avocat du barreau de Paris qui avait renoncé au monde pour se faire chartreux, fut l'instrument dont Dieu se servit pour le rendre à la foi catholique et aux pratiques religieuses. Je soutiens ici, (lui disait le père Théodore) un grand procès: celui de mon salut. "Oh! pour celui-là, avait répondu mon père, vous ne le perdrez pas." "Que le ciel vous entende!" s'étais écrié le père Théodore d'une voix singulièrement animée. Ces paroles et cet accent du chartreux restèrent comme un trait que mon père ne put arracher de son âme. Jour et nuit, nous disait-il, ces paroles: Que le ciel vous entende! résonnaient à mes oreilles et me troublaient profondément. Je passai un an entier à réfléchir, et, l'année suivante, à la même époque, pendant les vacances du palais, après ma saison d'eau à M***, je retournai trouver le père Théodore, lui confesser mes fautes et recevoir de lui, ou plûtôt de Dieu, le pardon de mes péchés.

Revenu à S***, mon père étonna tout le monde par sa nouvelle manière de vivre. Il brisa d'abord les liens qui le retenaient dans la franc-maçonnerie et ce fut, peut-être, pour recevoir l'absolution des censures qu'il avait contractées en s'y affiliant et en acceptant le grade de Fr. Vénérable qu'il alla à Digne voir Mgr Sibour. Quoiqu'il en soit, c'est de cette époque que date son intimité avec cet evêque, intimité qui devait avoir, plus tard, de si grandes conséquences pour moi.

Les railleries et les sarcasmes ne firent pas défaut au nouveau converti. Mais il brava le respect humain et devint aussi fervent catholique qu'il s'était montré irréligieux précédemment.

Quel bel exemple ne donna-t-il pas, dès lors, à toute sa famille par sa régularité à faire ses prières du matin et du soir, à dire le bénédicite avant les repas, à entendre la Sainte Messe tous les jours, à quitter son souper pour courir avec ses enfants, à la bénédiction, du Saint Sacrement tous les premiers vendredis du mois, à suivre tous les exercices du mois de Marie, à se confesser et à communier aux principales fêtes de l'année? Il y avait, certainement, un peu d'exagération dans son zèle, surtout dans sa manie de moraliser tout le monde. Mais c'était le défaut de sa nature vive, impressionnable, ayant besoin d'agir suivant l'impulsion du moment, incapable de calcul. Dieu l'avait fait ainsi. Il possédait de belles facultés; mais il en avait les défauts et s'il n'a pas pu les vaincre tous, il faut l'attribuer à sa mauvaise éducation première, à l'indépendance de son caractère, à sa grande susceptibilité, à sa conversion tardive et à son manque de direction. Il lisait de bons livres, la bible, l'imitation de Notre Seigneur Jesus Christ, les visites au Saint-Sacrement de Saint Alphonse de Liguori. Il assistait aux sermons. Mais combien plus de profit pour sa sanctification il eut retiré de tout cela, s'il avait rencontré quelqu'un pour le diriger, l'éclairer et le redresser! Sa sévérité à notre égard n'a pas eu, par la grâce de Dieu, de mauvais résultats; et les lettres qu'il a écrites à mes frères, à mes sœurs et à moi prouvent que, sous des dehors qu'il s'efforçait de rendre rigides, (il voulait passer pour un stoïcien) il avait une âme d'une exquise sensibilité et un cœur très-tendre. Que de fois ne lui arrivait-il pas, après nous avoir congédiés, mes frères et moi, pour Paris, en apparence les yeux secs, de se retirer dans son cabinet et de pleurer !... Ces larmes de mon père, comme celles de ma mère, plus expansive dans les manifestations de sa douleur ou de sa joie à l'heure de notre départ et de notre arrivée, ces larmes de mes chers parents sont des perles précieuses que les anges ont récueillies avec respect et déposées dans les céletes trésors. Et ce sont ces saintes larmes non moins que les bons exemples de nos parents qui nous ont obtenu de marcher constamment dans le chemin de l'honneur et de la vertu.

J'ai fait ma première communion à S***, dans l'église paroissiale, le dimanche 23 Juin 1844, Je m'en souviens comme si c'était hier.

J'étais certainement trop âgé, quand je m'approchais pour la première fois de la table sainte. Les prêtres de S*** auraient, je crois, mieux fait de m'y admettre plus tôt. Mon innocence aurait été plus grande. Mais ma pénitence aurait été moindre. Est-ce une compensation véritable? Dieu seul peut le dire.

Quoi qu'il en soit, ce fut pour moi une époque où la grâce travailla beaucoup mon âme. Les instructions de la retraite m'impressionnèrent vivement. On nous réunissait dans la chapelle des pénitents et, là, on nous parlait du grand acte de la première communion, de la préparation nécessaire, de nos fins dernières, du malheur que ce serait pour nous de faire une communion indigne ou tiède, des moyens à prendre pour persévérer. Au sortir de ces exercices, je me rendais dans un endroit solitaire du Gand, une sorte de grotte naturelle située au-dessous de la pointe de cette promenade. De ce lieu caché à tous les regards, je voyais couler, à ma droite, la Durance contre le rocher de la Beaume. J'en apercevais le pont dans le lointain et au delà les grandes montagnes de Gap. J'apercevais, à ma gauche, étagée le long du rocher de la citadelle, la ville de S... L'église où reposait le Dieu que j'allais bientôt recevoir et, plus loin, le cimetière où dorment les morts jusqu'à la résurrection future. Ce spectacle terrestre était illuminé par notre beau soleil du midi et parlait vivement à mon cœur. Alors, je faisais mon examen de conscience et comme il me retraçait des fautes nombreuses, je me jetais à genoux et je priais avec des larmes de componction sincère, demandant pardon, du fond de mon âme, à Dieu, à la sainte Vierge et aux Saints. Ma confession générale fut pourtant marquée par un mensonge dont je ne me consolerai jamais, quoique j'espère bien l'avoir réparé. Mon confesseur me demanda si j'avais *volé*. Hélas ! oui ! j'avais volé et plusieurs fois, chez mes parents. J'avais volé des friandises ou des fruits, des sous, même, quand j'étais petit, et, enfin, cette fameuse clef de la chiffonnière de ma mère dont j'ai parlé. Cependant, révolté tout d'abord de cette question et oubliant ce que j'avoue en ce moment, je répondis : *non !* avec énergie. Ah ! que de larmes cet incroyable oubli et cet affreux mensonge ne m'ont-ils pas fait verser !...

Les enfants qui firent la 1ere communion avec moi étaient assez nombreux. Je ne connaissais que mes camarades du collège et, parmi eux, il y en avait peu qui fussent très édifiants. La plupart songeaient à leur toilette, aux cadeaux qu'on allait leur faire. Un seul pensait sérieusement au Dieu de l'Eucharistie qu'il allait recevoir. C'était mon ami : il s'appelait Fortuné Spitalier. Son père était brigadier de gendarmerie en retraite et sa mère une bonne et honnête femme. Ces braves gens étaient flattés que je fusse l'ami de leur fils et me recevaient chez eux avec plaisir chaque fois que j'allais voir mon ami Fortuné. Nous étions placés côte à côte à l'étude du collège et nous aimions à travailler ensemble. Ce bon jeune homme fit sa 1ere Communion comme un ange, et il semble que la terre était indigne de le posséder plus longtemps, puisqu'il mourut l'année suivante, presque subitement, après avoir été, je pense, administré. On l'enterra le Vendredi Saint. Ses camarades l'accompagnaient au cimetière. Il me semble encore voir son pauvre père abimé dans sa douleur, pleurant son cher enfant et ayant peine à se soutenir. Pauvre homme! sa douleur fut telle qu'il ne put se consoler de la perte de son fils; et, peu de temps après, il le rejoignait dans la tombe et, je l'espère, dans le ciel.

Sa veuve, ses deux filles et son autre fils appelé Adolphe, ont toujours conservé les meilleurs rapports avec nous. Adolphe m'a témoigné en tout temps beaucoup d'amitié. Il était employé dans la compagnie du chemin de fer de l'ouest, à Caen Retraité, il alla se fixer à Marseille, et fut décoré de la légion d'honneur. J'ai reçu avec peine, l'année dernière ou il y a deux ans, la triste nouvelle de sa mort. Ainsi c'est au ciel seulement que j'ai l'espoir de retrouver mes chers amis l'un de mon enfance, l'autre de mon âge mûr, Fortuné et Adolphe Spitalier. *Hæc est spes mea, reposita est dulciter in sinu meo. Moriatur anima mea morte justorum et fiant novissima mea horum similia.*

C'est en Octobre 1847, que j'ai fait ma classe de philosophie au collège de S... et que je me suis préparé au baccalauréat. L'année 1848 fut marquée par la chute de Louis-Philippe, la proclamation de la République (ce qui valut à

mon père d'être nommé maire de S...
par Cavagnac) et le changement du
programme du baccalauréat. Ce dernier
point m'interressait d'une manière
particulière. M^r le Principal, sans se
laisser déconcerter par cet incident impré-
vu, sut si bien s'y prendre que ses élèves purent être reçus bacheliers, sinon
tous à la première fois, du moins à la seconde.

Ce fut moi, médiocre élève de philosophie, plus médiocre mathématicien et
fort mauvais botaniste, qui eut l'honneur de recevoir, le premier, mon diplô-
me de bachelier-ès-lettres, à Aix, en Provence, au mois d'août 1848.

Rentré à S.., je passai mes vacances
près de mes parents, comme de coutume,
mais non sans réfléchir profondément
au sujet de la carrière que j'embras-
serais. Mon père aurait désiré que je
fisse mon droit et que je lui succédasse.

Ma tante B*** le souhaitait également, ayant songé à me donner une

de ses filles pour compagne. Mais le Bon Dieu avait sur moi des desseins tout différents.

Il me voulait *pour lui*, pour son divin fils, pour son Église. La parole que j'avais entendue aux jours de ma 1ere Communion: « *Tu seras prêtre* » résonnait de nouveau dans le fond de mon cœur avec une force irrésistible. Mon cousin l'abbé R*** s'en fit si bien l'écho, il me représenta si bien le bonheur que j'aurais à servir le bon Dieu comme son ministre, que je n'hésitai plus et que je me déterminai à en instruire mes parents.

Ils l'apprirent de ma bouche dans une circonstance qui mérite d'être mentionnée.

Notre bon curé de S... ami très dévoué de toute notre famille, avait été le premier à recevoir mes confidences. Il savait que je désirais aller au séminaire de Saint-Sulpice à Paris.

Lui ayant avoué que je n'osais en

parler à mon père, il me rassura en me disant qu'il connaissait sa religion profonde, son amour pour ses enfants, et qu'il ne doutait pas qu'il ne consentît à mon désir, s'il avait la conviction qu'il provenait d'une véritable vocation. Du reste, ajouta ce digne homme, l'archevêque de Paris (c'était Monseigneur Sibour, évêque de Digne, nommé Archevêque de Paris en remplacement de Monseigneur Affre) arrive aujourd'hui de Digne; il recevra la visite officielle de votre père qui, comme maire de S..., doit le haranguer aux portes de la ville. Sa Grandeur passera la nuit au presbytère. Vous y viendrez le lendemain avec toute votre famille, j'informerai Monseigneur de votre projet d'aller à Saint-Sulpice et je puis vous assurer que s'il en parle, comme il n'est pas douteux, à votre père, en lui demandant de céder à votre désir, ce bon Père ne lui refusera pas.

C'est, en effet, ce qui arriva. Mgr nous

reçut au presbytère, dans le grand salon où se trouvaient M. Meirieu, bientôt après son successeur sur le siège de Digne, M. Dedoue son secrétaire et M. le Curé de S. Mon père, ma mère, mes frères et sœurs tombèrent à ses genoux pour recevoir sa bénédiction. Ensuite, Monseigneur faisant asseoir mon père à ses côtés lui demanda, affectueusement des nouvelles de chacun de nous, s'informa de nos classes, de nos projets d'avenir. Et votre aîné, ajouta-t-il, le voilà bachelier, qu'allez vous donc en faire ? Vous savez, mon cher monsieur, que les prémices sont agréables à Dieu. Si ce bon Maître vous demandait votre fils aîné, s'il voulait qu'il fut un de ses prêtres, le lui refuseriez-vous? Et, en disant ces paroles, Monseigneur m'avait pris les mains et regardait mon père d'une manière qui sollicitait une réponse favorable. Pour être vrai, je dois dire que j'avais cru devoir, avant de partir pour la cure, avouer à mon père mon désir d'aller à Saint-Sulpice, et, comme nous étions pressés par le temps, il s'était contenté de me répondre : C'est bon, nous verrons, et si c'est la volonté de Dieu, ta mère et moi nous ne dirons pas non. — Préparé par ma confidence (il m'en aurait trop coûté de laisser mon père apprendre ma résolution par un autre que par moi, cet autre fut-il l'Archevêque de Paris) mon père répondit à Mgr Sibour avec la même simplicité :— Si Dieu le veut, Monseigneur, nous serons, sa mère et moi, trop honorés du choix qu'il veut bien faire ainsi de notre fils aîné pour son service et trop heureux de le lui consacrer. — Mgr Sibour prit acte de cette déclaration, remercia bien cordialement mon père de sa religieuse disposition et lui promit, en nous congédiant, d'être pour moi, à Paris, un protecteur et un père.

J'ai voulu écrire aujourd'hui cette scène touchante qui détermina ma vocation. Combien je dois rendre grâces à

Dieu d'avoir si bien arrangé toutes les choses pour la réalisation de ses bons desseins sur moi !

Il avait été convenu entre Mgr Sibour et mon père que j'irais à Paris au commencement de Novembre et que j'entrerais immédiatement à Saint-Sulpice. Nous partîmes donc, mon père et moi, de S... le 2 Novembre qui devait être en 1848 un lundi. Ma mère pleura beaucoup en nous voyant monter en voiture. C'était la première fois qu'elle se séparait de moi et la distance lui paraissait bien longue. Ajoutez à cela les craintes que les tristes évènements de Juin avaient fait naître dans tous les cœurs, la peur des émeutiers et enfin la perspective un peu austère du Séminaire : tout cela était bien propre à effrayer l'âme sensible d'une tendre mère comme la mienne. Mon père la rassura de son mieux, je l'embrassai plusieurs fois ainsi que mes frères, Emile, Joseph, Hippolyte et Paul et mes sœurs Eugénie et Elise ; je leur dis adieu ainsi qu'à tous mes autres parents et montant dans la diligence nous partîmes, mon père et moi, pour Paris.

Afin d'éviter le froid qui aurait pu nous saisir sur la route de Gap et de la la Croix-haute, nous descendîmes à Avignon, puis d'Avignon à Lyon, où nous prîmes le bateau à vapeur qui nous débarqua à Châlons-sur-Saône. Nous y trouvâmes les grandes voitures Laffitte et Gaillard qui nous amenèrent, par la Bourgogne, dans la capitale. Pendant trente lieues, de Sens à Paris, notre diligence traînée par six grands chevaux n'avait pas cessé de brûler le pavé. Aussi étions-nous brisés de fatigue en entrant dans l'hotel qui nous avait été inidqué, non loin de la cour des Messageries.

Nous avions mis bien près d'une semaine pour faire ce voyage qui s'accomplit, aujourd'hui, d'une manière si rapide et si confortable, grâce aux chemins de fer qui sillonnent même les vallées des Alpes. Pendant ce long trajet, je ne pensais qu'au bon Dieu et à la joie de le servir bientôt dans le séminaire de Saint-Sulpice que mon imagination regardait, non sans raison, comme le port, après le naufrage et comme l'asile bien doux de la piété et de la science. Je me voyais déjà, en esprit, au milieu de très saints jeunes gens qui me rappelleraient Décalogne, Saint-Louis de Gonzague ou le pieux Berchmans. Je me figurais qu'un des Directeurs du Séminaire me prendrait en amitié, me consolerait dans mes peines, s'intéresserait à mes études. C'était de beaux rêves qui tenaient trop du ciel, qui ne devaient pas, et qui ne pouvaient pas se réaliser complètement sur cette terre.

La première église que je visitai et où j'entendis la messe, avec mon père, le dimanche qui suivit notre arrivée à Paris, fut Saint-Eustache, où j'étais destiné à passer plus tard 19 ans de ma vie sacerdotale, comme second et premier vicaire. Nous nous plaçâmes dans la grande nef. Un prêtre d'une grande taille et d'un aspect imposant monta en chaire et prêcha sur la fête de la dédicace des églises qu'on célébrait ce jour-là. Je me rappelle que la chaisière, s'apercevant que nous étions étrangers à la paroisse, nous dit que ce prêtre si beau et qui prêchait si bien était le curé de Saint-Eustache, M. Deguerry.

Aurais-je pu penser que 23 ans plus tard cet éloquent prédicateur, devenu curé de la Madeleine, servirait d'otage aux communards et serait impitoyablement fusillé avec l'Archevêque de Paris, dans le chemin de ronde de la Roquette?

Je me rappelle encore que j'eus une courte syncope pendant le reste de cette première messe entendue à Saint-Eustache. C'était le résultat de la grande fatigue du voyage. Pendant plus d'un mois je continuai à m'en ressentir et j'entendais sans cesse dans mes oreilles le bruit des roues de la voiture.

Mgr. Sibour invîta gracieusement mon

père à dîner à l'Archevêché qui était alors dans l'île Saint-Louis. Ils s'informa de moi, renouvela sa promesse de me servir, à Paris, de protecteur et de père. M. Dedoue qui était son secrétaire et son homme de confiance se mit à la disposition de mon père et lui servit d'introducteur auprès de M. de Courson, Supérieur général de Saint-Sulpice. Je n'oublierai jamais l'impression de tristesse que fit sur moi l'aspect de la place et du Séminaire, la première fois que je les vis. Le temps était sombre et pluvieux, je me sentais secoué par les raffales du vent, bref, c'est presque en tremblant que je pénétrai dans l'intérieur de la sainte maison.

M. de Courson nous reçut avec bonté, s'enquit de mes études, me loua d'être bachelier ès-lettres, mais exigea que je me rendisse à Issy pour y faire une seconde année de philosophie. Toutefois, avant d'aller vous renfermer à Issy, me dit-il, il faut que M. votre père vous garde encore quelques jours à Paris avec lui et vous en fasse admirer les principaux monuments. Je vous accorde huit jours pour cela. N'oubliez pas surtout, dit-il à mon père, d'aller assister aux offices de Notre-Dame des Victoires, le soir à 8 heures. Vous serez ravis de tout ce que vous y verrez et de tout ce que vous y entendrez.

Je passai donc encore quelques jours à l'hotel de la rue Baillif avec mon père et nous employâmes ce temps comme on nous l'avait conseillé. Lorsque mon père le jugea à propos nous retournâmes à Saint-Sulpice pour nous entendre sur les dispositions à prendre avec M. l'économe qui était alors M. Boiteux.

Ce n'est pas sans émotion que j'écris le nom de cet homme de bien, de ce saint prêtre qui nous reçut avec tant de cordialité et devint, à partir de ce jour, un ami si fidèle pour ma famille et un second père si dévoué pour moi!... Après que fut réglé tout ce qui concernait mes travaux, mon habillement et le prix de ma pension, il fut convenu que le jour où mon père quitterait Paris, je serais conduit à Issy par M. Boiteux lui-même.

Ce jour arriva sous peu, et le cœur me battit bien fort quand la voiture qui emmenait mon cher père ayant disparu à mes yeux je me sentis seul, absolument seul sur le pavé de Paris.

Mais je me rendis, sans perdre de temps, à Saint-Sulpice et, de là, à Issy où je fus présenté par le bon M. Boiteux à M. Gallais, Supérieur de la maison.

Celui-ci m'assigna une chambre et me donna pour Ange gardien un charmant abbé, M. Dutillieux. Mon ange gardien avait la mission de me faire connaitre tous les êtres de la maison, de m'accompagner aux différents endroits où j'avais à me rendre pour chaque exercice, de m'apprendre à faire mon lit et ma chambre, d'allumer mon feu avec le bois que je devais me procurer à mes frais. Ce bon jeune homme s'acquittait consciencieusement de sa tâche et, malgré mes résistances, (car je trouvais violent qu'il m'empêchât même de l'aider) il apprêta mon lit et mon feu. Hélas! il n'aurait pas pu me rendre les mêmes offices l'année suivante!... Atteint d'une maladie de poitrine il succomba au Séminaire d'Issy, dans l'année 1849, et sa mort qui fut celle d'un prédestiné me causa une véritable peine quand je l'appris à Saint-Sulpice.

Il me faudrait maintenant écrire un volume si je voulais raconter, en détail, les 7 mois que je passai à Issy. Qu'il me suffise de dire que j'y fus soumis à de dures épreuves dans mon cœur, mon esprit et mon corps ; et que les choses en vinrent au point que le Supérieur dût me renvoyer en vacances peu de jours après que j'eus reçu la tonsure, dans l'Eglise Saint-Sulpice, des mains de Mgr Sibour. Ma mère, avertie de mon retour, vint au devant de moi jusqu'à Se... où j'étais descendu chez mon oncle G***. Son arrivée me surprit bien agréablement. Elles me couvrit des caresses les plus tendres. Je l'embrassai à mon tour avec délices. Nous ne tardâmes pas à nous rendre à S... où je tombai, bien ému, dans les bras de mon père. Avec quelle joie je revis mes frères, mes sœurs, mes parents, M. le Curé, M. Constant, mes amis et mes chers compatriotes, les bonnes religieuses de l'hôpital et, enfin, ma mère nourrice, son mari, sa fille, et les bons paysans de la Coste qui m'aimaient toujours bien sous mon nouveau costume d'abbé. Je restai à S*** jusqu'à la fin du mois de Septembre, remplissant les devoirs du Séminariste en vacances, récitant le petit office de la sainte Vierge, suivant la messe tous les jours et communiant souvent. J'allais aussi, pendant ce temps de repos, visiter les curés voisins.

Ces vacances me firent du bien. Je pus revenir à Paris et commencer, en Octobre 1849, ma première année de théologie. Animé du désir d'être à Paris, comme à Issy, un séminariste modèle, je suivis très fidèlement le règlement de la maison dont j'écoutais avec avidité l'explication qui nous en était faite par M. De Courson, à la lecture spirituelle du soir, avant le souper. Les détails pratiques dans lesquels entrait cet excellent supérieur, ne sortaient pas de ma pensée. Ces conseils s'étendaient à toute notre vie depuis le lever jusqu'au coucher, jusqu'au temps même consacré au sommeil. Ils embrassaient non seulement notre manière d'agir en particulier, mais encore notre tenue intérieure et extérieure à l'oraison, à la sainte messe, pendant et après la sainte Communion, à l'église et à la chapelle pendant les offices, au réfectoire, en classe, dans nos cellules, en récréation, en promenade.

Quelquefois M. de Courson interrompait l'ordre de ses explications pour nous adresser quelque sévère remontrance motivée par une infraction plus ou moins grave à un point du règlement. C'est ainsi qu'un certain dimanche où la communauté semblait avoir mis de la mauvaise volonté à chanter les Vêpres à la chapelle, M. de Courson, le soir venu, nous reprocha avec véhémence notre conduite, et pour ranimer notre zèle à bien chanter pendant les offices, s'éleva aux plus admirables considérations, sur les louanges que le Verbe de Dieu donne à son père de toute éternité et sur celles que les Saints, unis au Verbe éternel, ont le bonheur de lui rendre dans le Ciel. Or, ajoutait le bon et saint prêtre, que fait-on quand, appelé par le devoir de sa vocation à chanter sur terre les louanges de Dieu, on s'y montre négligent ou rebelle ? On fait à Dieu une injure sanglante ; on trahit sa cause sacrée ; on se prépare à imiter plus tard la défection des mauvais anges...

A monsieur de Courson, mort en 1850 d'une maladie de cœur, succéda son fidèle disciple Monsieur Carrière professeur du Grand Cours.

Il était d'usage, à Saint-Sulpice que les séminaristes apprissent un sermon avant d'être appelés à l'ordination du sous-Diaconat. Ce fameux sermon qu'on débitait pendant le repas, je dus le prononcer, comme les autres, la troisième année. Que de craintes et de soucis j'éprouvai à ce sujet!... Enfin, mon bon Ange vint à mon aide et-j'eus le bonheur inespéré de contenter mes auditeurs et d'obtenir de M. Carrière l'assurance qu'en continuant de suivre la méthode adoptée j'étais certain de prêcher toujours d'une manière intéressante et utile.

Je ne saurais passer sous silence, dans mes souvenirs du séminaire, un nom que je ne puis prononcer qu'avec une sincère affection et un profond respect. C'est celui de M. Carbon, ou comme on l'avait appelé *le Quonium bonus*. Ce bon Directeur goûtait peu les sermons des séminaristes. Il réservait toute son admiration pour Massillon, Bossuet et Bourdaloue dont il nous conseillait avec insistance et presque exclusivement la lecture et l'étude.

Pendant les récréations, il ne manquait jamais de se promener avec nous et se montrait bienveillant envers chacun. Lorsqu'il distribuait les chambres, au commencement de l'année, il avait égard au degré d'ancienneté et à l'état de santé. Ce fut grâce à la médiocrité de la mienne que je finis par être logé au n° 93, c'est à dire à côté de M. Carbon lui-même.

Ce saint religieux confessait non seulement beaucoup de séminaristes, mais encore beaucoup de prêtres. C'était un Directeur comme il en faut aux desservants des paroisses qui, n'ayant pas toujours le loisir de recourir aux livres, se trouvent fort heureux, dans toutes leurs difficultés, d'entendre un homme instruit et expérimenté répondre simplement à leurs questions, par un :

faites-ceci, ou ne faites pas cela, prononcé avec toute l'autorité.

Je suis toujours ému en revoyant par
la pensée ce digne Prêtre que je n'ai
pas ceseé de vénérer et aimer de tout mon
cœur depuis l'époque de mon séminaire.

Je termine ici mes souvenirs du séminaire de Saint-Sulpice dont j'ai déjà
suffisamment parlé ailleurs. J'y étais
entré au mois de Novembre 1848. J'en
sortis, pour n'y plus rentrer, au mois de
Juillet 1852.

J'étais alors sous-diacre : j'avais dit
un éternel adieu aux joies de la famille.
Pour prix de mon sacrifice, si l'on peut
donner ce nom au détachement des
vanités et des faux plaisirs de ce monde,
la très Sainte Vierge, ma mère de grâce
et ma bien aimée patronne, me montrait au-dessus de ma tête , dans un avenir peu éloigné, le calice de son divin
Fils, le calice du salut que je consacre-
rais et que j'offrirais au Seigneur avec

le corps de J-C, pour les vivants et pour les morts. Mais ce n'était pas en France, des mains de l'Archevêque de Paris ou de l'Evêque de Digne que j'étais destiné à recevoir le grand bonheur du Sacerdoce. Ce devait être à Rome des mains du Vice gérant, après m'y être préparé dans la pieuse maison de Saint-Louis des Français.

15 Octobre
Fête de Sainte-Thérèse

Je viens de passer huit jours à l'hôpital des bons frères de Saint-Jean de Dieu, pour y subir une petite opération exigée par l'infirmité qui m'est survenue ces temps derniers. Tout s'est bien passé, et, après avoir eu le bonheur de communier, jeudi, j'ai pu dire la Sainte Messe hier et aujourd'hui dimanche, fête de la Pureté de la Sainte Vierge. Pour ma première sortie je suis allé, avec mon frère Joseph, à la cha-

pelle des Carmélites, avenue de Saxe.
J'y suis retourné aujourd'hui, et, devant
le Saint-Sacrement exposé, j'ai remercié
le bon Dieu de tant de grâces qu'il m'accorde et lui ai demandé, par l'intercession de sa très-pure mère, la Sainte-
Vierge Marie, et aussi par l'intercession
de Sainte Thérèse, de me donner et de
donner à tous ceux qui me sont chers,
(particulièrement à une âme qui est la
grande amie de Notre-Seigneur et de
ses prêtres,) tout ce qui nous est nécessaire pour nous sanctifier et sanctifier
les autres...

Ces huit jours que j'ai passés chez
les Frères de Saint-Jean de Dieu m'ont
rappelé les huit jours de retraite par
lesquels je recommençai les années de
mon Grand Séminaire à Saint-Sulpice.
Retraite austère, comme je l'ai écrit ailleurs, et qui faisait toujours saigner ma
pauvre âme plus sensible aux idées de
crainte qu'aux suaves tendresses de
Notre-Seigneur. La crainte, il est vrai,

est le commencement de la sagesse.
Mais l'amour en est le couronnement.
Aussi je ne veux plus penser à ces jours
de terreurs que pour me rejeter bien
vite dans la considération de la bonté,
de la douceur, de la tendresse du Cœur
de Jésus. Je dois me répéter à moi-même
ce que je dis et redis sans cesse aux
autres, que Dieu est autant glorifié par la
conversion d'un pécheur que par la persévérance de 99 justes; que l'enfant
prodigue est toujours le bienvenu dans
la maison de son père, quand il y revient
repentant; que le paradis a été ouvert
sur le champ par Notre Seigneur Jésus-
Christ au bon larron et que Judas, lui-
même, eût été pardonné et sauvé s'il
avait su se repentir au lieu de désespérer
de la bonté de Dieu. Voilà ce que je ne
cesserai de me répéter dans mes moments
de désolation. Le bon Dieu aura, je l'espère, pitié de sa pauvre brebis si souvent errante, mais toujours désireuse
de rentrer et de demeurer fidèlement au

bercail, sinon sur le cœur du moins aux pieds de Jésus, le plus dévoué des pasteurs et le meilleur des pères. O Jésus, que je voudrais pouvoir racheter les mauvais jours de ma vie et vous avoir toujours aimé ! que du moins rien ne me sépare jamais de vous, ni la vie, ni la mort, ni le présent. ni l'avenir, ni le temps, ni l'éternité. Amen.

Si, depuis longtemps, je n'ai presque rien écrit, sur ce cahier, de mes impressions et occupations présentes, j'ai consacré, en revanche, bien des pages à transcrire les souvenirs de mon enfance et de ma jeunesse.

Pourquoi ai-je écrit tout cela ? Simplement pour me remémorer à moi-même, suivant le précepte du sage, mes années écoulées, déplorer dans l'amertume de mon cœur les misères et les fautes de ma vie. Car pour le bien que j'ai pu faire dans des positions si différentes et dans un espace de temps déjà si long, il est bien plutôt l'œuvre de Dieu que le mien, le résultat des agissement de la grâce plutôt que le fruit de mes travaux. Donc à Dieu seul, comme je ne cesse de le réciter à Prime, à Dieu seul la gloire et l'honneur de tout ce que sa grâce m'a fait faire de bien, et, à moi, la confusion et la honte pour tout ce que j'ai fait de mal.... *Parce, Domine, parce mihi... Propitius esto mihi peccatori.... Domine, adauge nobis fidem, spem, caritatem; da mihi, Domine, omnia deinceps facere secundum charitatem tuam.*

Amen...

Maintenant je vais repasser la matière de l'examen que je dois faire subir aux jeunes prêtres, à l'Archevêché, à partir de vendredi prochain et pour commencer j'étudierai ce soir le traité des censures.

6 Novembre.

2eme Séance à l'Archevêché pour l'examen des jeunes prêtres. — 5eme bureau sous la présidence de M. B. l'archidiacre de Saint-Denis.

Examinateurs
{
M. Sire prof. à S. Sulpice
M. La Guibourgère curé de Saint-Germain des Prés.
Le P. Constant Domin....
Moi...
}

Voilà la 12e année que je remplis cette mission... Pour bien interroger, il faut bien savoir et, en même temps, éviter d'étaler son érudition, mais ne s'en servir que pour multiplier les questions de manière à ce que le candidat réponde et montre qu'il a suffisamment étudié. Mais quel champ d'étude que cette 6e année de l'examen !

—Théologie : traités
{
de la Pénitence...
du Mariage...
}

— Droit canon...
{
Délits et peines canoniques. Procédure Canonique.
}

Ecrit. Ste { Epitres { aux Hébreux / 1 et 2 à Timothée. / Apocalypse de Saint Jean.

— Hist. eccles. { — Depuis le concile de Trente jusqu'à nos jours. / Liber pastoralis et homélies.

— Patrologie. { Saint-Grégoire, Saint-Bernard. Livre de la Considération.

— Eloquence { Manière de composer les sermons et de les prêcher.

7 Novembre

Hier soir, à 8 h. 3/4, mes frères, mes sœurs et belles sœurs (excepté Clotilde et Elise), mes neveux Charles, Ernest R***, mes nièces Marguerite, Noémi, Paule… Sont venus me souhaiter ma fête (St Ernest). — *quam bonum et quam jucundum habitare fratres in unum!…*

Ce matin à 9 h. j'ai dit la Sainte Messe au grand autel, revêtu d'un ornement blanc, don précieux d'une fidèle amie de Notre-Seigneur et de ses prêtres, en présence de mes vicaires M. Doby, M. Corlay, M. Tixier, d'un grand nombre de Dames de charité et de pauvres assistés par elles.

10 Novembre
Vendredi

A 2 h. Examen des jeunes prêtres à l'archevêché...

11 Novembre

Je viens de recevoir la visite d'un jeune vicaire qui m'est envoyé à Sainte-Elisabeth pour me servir d'auxiliaire. J'espère qu'il réalisera ce que j'attends de lui et je prie de tout mon cœur le bon Dieu de rendre son ministère à Sainte Elisabeth fécond et durable.

— C'est demain la fête solennelle de la dédicace ou, plutôt, de l'anniversaire de la dédicace de toutes les églises de

France, fête qui s'accorde bien avec celle de la Toussaint. Car les églises de la
terre sont les images du Ciel et ne doivent renfermer que des Saints, du moins
en principe. Ainsi les églises dans leur
être matériel sont Saintes, puisqu'elles
ont été tirées du monde profane par leur
consécration... Elles sont Saintes par
tout ce qu'elles renferment : — autels —
chaires, — tableaux, — fonds baptis-
maux, — tables de communion, — con-
fessionnaux, — vases sacrés, — livres
liturgiques, — cloches.

Elles sont Saintes par tout ce qui s'y
dit et s'y fait : prédications, offrande du
Saint-Sacrifice, administration des Sacrements.

Elles sont Saintes surtout par la présence réelle et permanente de Notre
Seigneur dans la divine Eucharistie.
Combien, par conséquent, les églises
doivent être chères aux fidèles qui voient
en elles l'image du ciel, la demeure de
Dieu, l'asile de la prière, le foyer des

chrétiens c'est-à-dire véritablement leur maison, leur *chez-eux* ici-bas.

Enfin les églises nous rappellent que Dieu veut surtout habiter dans nos cœurs, et que chaque fidèle est le temple de Dieu.

17 Novembre

Quel spectacle navrant s'est offert aujourd'hui à ma vue dans l'église Saint-Denis! Une mère, à genoux, inondée de larmes, couvrant de ses baisers le cercueil de son fils, pauvre enfant chéri qui allait finir son service militaire et qui est mort tout à coup, au retour d'une chevauchée de 35 kilomètres faite par un froid glacial...

Profondément ému, j'ai joint mes prières à celles de cette mère désolée pour que Dieu daigne recevoir sans retard dans le sein de sa miséricorde l'âme de ce noble jeune homme mort victime du devoir.

En sortant de Saint-Denis du Saint-

Sacrement, j'ai été visiter une pauvre malade qui m'a donné une belle image de Sainte Élisabeth, la chère patronne de ma paroisse. Elle m'a remis aussi ses offrandes pour les écoles chrétiennes, pour l'église et pour les pauvres. Et, pour moi elle multiplie ses prières, ses ardentes prières, afin que le bon Dieu bénisse de plus en plus mon ministère sacré.

O mon Dieu ! je vous remercie d'avoir créé cette âme si belle, cette intelligence vive comme la flamme, ce cœur au dessus de toute passion humaine, uniquement sensible à votre amour, aux intérêts de votre gloire, au salut des âmes rachetées par votre sang et principalement des âmes de vos Prêtres, ô Jésus !.

Rendez-lui au centuple, Père céleste, ce qu'elle fait par amour de votre divin Fils.... guérissez-la pour qu'elle puisse continuer ses œuvres, les œuvres de la divine charité. Regardez, ô Jésus, ce qu'elle souffre depuis tant d'années en se consumant de zèle pour vous soulager en la personne des prêtres et des malheureux... Visitez-la, consolez-la, nourrissez-la, soyez sa vie sur la terre, en attendant d'être sa récompense dans le ciel. Amen.

J'ai lu ce soir, après dîner, les discours de M. Doucet et de M. Coppée rapporteurs des prix décernés par l'Académie aux meilleurs livres, et aux plus belles actions de vertu...

Un jour nous entendrons Dieu lui-même, Notre-Seigneur Jésus-Christ prononcer devant le monde entier son jugement sur le mérite des écrits et des actions de tous les hommes,.. *how very different!*

M. Doucet et M. Coppée et tous les membres de l'Académie feraient bien de s'inspirer du jugement de Dieu pour apprécier le mérite de tel livre et la bonté morale de telle action. Leur jugement ne courrait pas le risque d'être réformé et condamné après avoir été pesé dans la balance de l'éternelle justice... Mes pensées, dit le Seigneur, en s'adressant aux prétendus sages de ce monde, ne sont pas vos pensées et ma sagesse condamne sévèrement votre sagesse terrestre...

19 NOVEMBRE.
26me Dimanche après la Pentecôte.
Fête de Sainte Elisabeth notre chère patronne.

Belle et grande journée à Sainte-Elisabeth! Mgr Bécel, évêque de Vannes. a chanté pontificalement la messe et les vêpres. M. De la Rousselière, vicaire à Saint-Denis-du-Saint-Sacrement, a prononcé le panégyrique de la sainte. Monseigneur, avant de bénir l'assemblée qui était nombreuse, a dit quelques paroles pleines de dignité et de cœur. J'ai fait la quête pour les Ecoles de la Paroisse. Je remercie. aux pieds du bon Dieu, tous ceux qui m'ont donné leurs offrandes.

Demain, à 9 heures, je dirai la messe pour les bienfaiteurs décédés de nos œuvres paroissiales. Dans peu d'instants Mgr Bécel, le prédicateur, mes vicaires, mes fabriciens, en tout 18 personnes vont venir s'asseoir à ma table. Ce sont, je l'espère, de vraies agapes, c'est-à-dire, un festin de frères et d'amis présidé par un de ces prêtres que saint Jean ou plutôt Notre-Seigneur appelle des Anges. L'Ange de l'Eglise de Vannes emportera donc un bon souvenir de Sainte-Elisabeth et du quartier dont elle est la chère patronne.

21 Novembre.

Mardi.

Fête de la Présentation de la sainte Vierge.

J'arrive de Saint-Sulpice, où je suis allé prier auprès du corps de M. Icard, Supérieur général de Saint-Sulpice, décédé dans la nuit du dimanche au lundi.

M. Icard est mort agé de 89 ans sans que personne se soit douté seulement qu'il fut gravement malade. Comme hier matin on ne l'avait pas vu à l'oraison, on alla frapper à sa porte ; n'obtenant point de réponse on entra, on pénétra dans sa chambre et on trouva le vénérable supérieur mort dans son lit. Il s'était endormi du sommeil du juste; et, comme il l'avait demandé à Dieu, le sommeil de la mort l'a saisi, sans le surprendre, car depuis longtemps, il se préparait chaque jour à paraître devant Dieu. Il a quitté le monde avant d'avoir connu l'affaiblissement de ses facultés intellectuelles, morales et physiques. Il est mort en vrai Sulpicien, sans faste et sans embarras, simplement et saintement. Peut-être faut-il regretter qu'il n'ait pas eu le temps de recevoir l'Extrême-Onction et le saint viatique pour l'édification commune. Mais il avait dit la sainte messe dimanche matin et il se préparait certainement à célébrer la fête de la Présentation, cette fête si chère à tous les prêtres qui ont coutume, en ce jour, de renouveler à Dieu leurs promesses cléricales. Où est son âme à cette heure ? J'ose l'écrire : au ciel, après lequel il n'a cessé de soupirer. Le juste vit de la foi. M. Icard répétait souvent ces paroles à ceux qu'il dirigeait. Or la foi pratique procure assurément la vie éternelle. C'est jeudi, dans l'église de Saint-Sulpice, à 10 heures, qu'auront lieu les obsèques. Je me propose d'y aller. Puissé-je obtenir par son intercession, s'il est avec Dieu comme je l'espère, de n'avoir pas été vainement à son école et de vivre le peu de temps qui me reste à passer sur cette terre comme un véritable enfant de Saint-Sulpice, comme un prêtre formé par les pieux disciples de M. Olier, comme un pasteur désireux de ressembler de plus en plus au prince des pasteurs : Notre-Seigneur Jésus-Christ... Amen.

O Marie, sainte mère de Dieu, qui, à

l'âge de 3 ans, vous êtes consacrée entièrement, dans le temple au service de
Dieu, permettez au plus indigne de vos
enfants de renouveler ce soir, entre vos
mains, ses promesses cléricales. Oui, ô
la plus pure des Vierges et la plus sainte
des mères, je veux, à votre exemple, me
consacrer, mieux que je ne l'ai fait
jusqu'ici, à aimer et à servir le Seigneur
qu'il m'est doux et glorieux de prendre,
de nouveau et à jamais, pour mon partage : *Domine, pars hæreditatis meæ et
clicis mei, tu es qui restitues hæreditatem
meam mihi... Amen*

23 Novembre
Jeudi
Fête de Saint Clément.

A 10 heures, réunion des jeunes filles
pour fêter, par anticipation, leur belle et
chère patronne Sainte Catherine. — A
la même heure j'ai assisté dans l'église
Saint-Sulpice, en habit de chanoine, aux

obsèques de M. Icard. Le Nonce, un grand nombre d'Evêques, de curés, de prêtres et de laïques remplissaient le chœur et la nef de Saint-Sulpice. La Messe a été chantée par M. Méritan, curé de Saint-Sulpice, l'absoute donnée par Mgr Richard archevêque de Paris. Les séminaristes de Paris, les maîtrises de Notre Dame et de Saint Sulpice ont chanté la messe *de Requiem*. Le catafalque était simple, sans couronnes, entouré seulement de cierges... Voilà des funérailles chrétiennes... *Moriatur (ergo) anima mea morte justorum et fiant novissima mea horum similia.*

26 Novembre
Dernier dimanche après la Pentecôte.
Octave de Sainte Elisabeth.

C'est aujourd'hui que nous avons commencé la Mission que les R.R. Pères Rédemptoristes Auguste, Béthune et Castelin prêcheront dans notre église à partir du 1er Dimanche de l'Avent 3, Décembre. — Y aura-t-il beaucoup de monde à venir entendre les bons pères? Y aura-t-il des conversions, beaucoup de conversions? — C'est le secret de Dieu et ce que le mois de Décembre nous apprendra. — En attendant espérons, veillons et prions...

9 Décembre

Il y a 7 jours que les Révérends Pères prêchent la mission à Sainte-Elisabeth. Ils l'ont annoncée à toutes les messes de dimanche (c'était le 1er de l'Avent), aux vêpres où le P. Béthune a prêché, et, le soir à 8 heures où le sermon a été donné par le R. P. Dumortier résident à Antony et venu exprès le dimanche matin pour remplacer pour la circonstance le P. Recteur Auguste indisposé. Les fidèles ont répondu à notre appel. Nous les avions invités depuis quelques jours par des avis affichés dans l'église et par des lettres nombreuses envoyées à domicile.

Les exercices de la semaine qui finit ont été les suivants: à 6 heures, première messe par le P. Castelin ou Béthune, et instruction.

9 heures, messe et instruction par le P. Béthune.

8 heures du soir, chapelet et glose par le P. Béthune, sermon par le P. Auguste.

Les Pères ont eu lundi, mardi, mercredi, jeudi et vendredi des réunions spéciales, le soir à 4 heures 1/2, pour les garçons des écoles et les grandes filles.... Hier, vendredi, ils leur ont distribué des médailles commémoratives de la mission.

Mardi soir, à 8 heures, ils ont fait porter en procession, au chant des litanies, le tableau représentant Notre Dame du perpétuel Secours.

Ce tableau reste à l'entrée du chœur.

du côté de l'Epître, exposé à la vénération des fidèles… Des bougies brûlent devant l'image sainte; et Dieu se plaira, je l'espère, à exaucer les ferventes prières de tous ceux qui viendront se prosterner à ses pieds.

Vendredi, à 8 heures du soir, en présence de l'autel tendu de noir et d'un catafalque entouré de cierges, après la récitation du chapelet, le P. Béthune, remplaçant le P. Auguste (indisposé pour la seconde fois), a prêché sur la mort et produit, m'a-t-on dit, un grand effet sur son auditoire. Le soir, le même Père a parlé sur l'horreur que doit nous causer le péché mortel. Il a fini son discours, m'a-t-on dit encore, d'une manière émouvante. Il a rappelé la scène historique du meurtrier du Duc de Berry écoutant, les larmes aux yeux, le juge qui l'assurait que le prince assassiné par lui était mort en lui pardonnant et en implorant sa grâce, mais du reste reprenant bientôt son sang froid et répondant au juge qu'il était encore résolu, si c'était à recommencer, à tuer le Prince. A ce moment, le Père a tiré son crucifix et s'adressant aux fidèles : Et vous, qui par vos péchés avez fait mourir votre Dieu, voudriez-vous encore le crucifier en présence de son corps cloué sur la croix? oh non! Plutôt mourir....

Demain, deuxième dimanche de l'Avent commencera la seconde semaine de la Mission. Pourrai-je, enfin, assister à ces touchants exercices ? Voilà 14 jours que je suis retenu à la maison à cause d'un certain mal de jambes que le médecin croit être une affection du nerf sciatique et qui ne sera, j'ose l'espérer, qu'une névralgie passagère causée par un coup de froid et précédée d'un lumbago.

Je sais que les Pères m'ont bien recommandé aux prières de mes paroissiens et j'ai la confiance que Notre-Dame du perpétuel secours voudra bien m'obtenir prochainement la faveur de recouvrer la force nécessaire pour reprendre et continuer, sans interruption, mes saintes fonctions. Je m'unis de mon mieux à tout ce qui se fait à l'Eglise. Le P. Béthune m'apporte chaque matin, à 7 h. 1/4, la Sainte Communion. Je vois les bons Pères à 11 h. 1/2 pour le déjeuner et le soir à 6 h. 1/2 pour le souper. Mais je désire beaucoup aller prier avec eux à l'Eglise et entendre leurs instructions. O Marie, que nous invoquons avec confiance, exaucez nos prières, rendez-moi à mon cher troupeau, mais si ma maladie doit se prolonger, obtenez-moi la patience et faites, ô reine immaculée, doux refuge des pécheurs, et mère du perpétuel secours, que mes paroissiens se rapprochent de votre divin fils, qui n'est mort que pour les sauver, qu'ils entendent sa voix, et qu'ils vivent de la vie de la grâce en se convertissant et en persévérant jusqu'à la fin. Amen.

10 Décembre.

Les Dames de charité de la paroisse viennent de célébrer solennellement leur fête patronale. Elles ont offert le pain bénit à la grand'messe. J'ai eu, après les vêpres, la visite des Dames L*** et J***, c'est cette dernière qui avait porté le cierge à l'offrande et quêté pour notre œuvre. Elle paraissait satisfaite du résultat. Après elles sont venues les Dames R***, et V***. Cette dernière, secrétaire de la réunion, sait rédiger les procès-verbaux d'une manière intéressante. Que le bon Dieu les récompense, elle, et toutes les Dames de charité, du bien qu'elles font aux pauvres et de l'édification qu'elles donnent à toute la paroisse.

Les Pères ont prêché souvent dans cette journée. Ils ont bien raison d'insister sur la confession. La conversion du pécheur est le prix d'une bonne confession. La Sainte Communion sera la récompense et le point d'appui de la persévérance. *Qui manducat hunc panem vivet in æternum.*

14 Décembre.

Son Éminence, le Cardinal Richard, est venu assister hier à 8 h. 1/4, avec M. Thomas, son sécretaire, à l'exercice du soir. Le P. Auguste a traité de l'Enfer. Y a-t-il un Enfer?. — Qu'est-ce que l'Enfer?. — L'Enfer est-il éternel?, — Il a répété les objections de ceux qui disent: Dieu est trop bon pour nous damner. Comment une faute d'un moment peut elle être punie d'un supplice éternel? Il a terminé en adjurant son auditoire à ne jamais offenser Dieu mortellement, ou au moins à se hâter de rentrer en grâce avec Dieu, si on avait le malheur de l'offenser. Le Cardinal a pris ensuite la parole pour féliciter les paroissiens de leur pieux concours et les exhorter à profiter de la grâce de la mission... Il a donné le salut qui a été chanté à l'unisson et s'est retiré vers 9 h. 1/2. J'ai pu assister à cette réunion, non sans quelque peine. Demain, je me propose de dire la Sainte Messe que je n'ai pas célébrée depuis le lundi 27 Novembre. J'espère que la Sainte Vierge, Notre Dame du perpétuel secours, m'obtiendra la grâce de monter et de rester à l'autel jusqu'à l'heureux accomplissement du sacrifice.

Introïbo ad altare Dei, ad Deum qui lœtificat juventutem meam. Aufer à me, Domine, quidquid potest maculare animam meam et spiritum sanctum tuum innova in visceribus meis.

25 DÉCEMBRE.

Noël ! Noël!... Et je n'ai pas pu me rendre à l'Eglise, sinon hier, à 1 heure, en voiture, pour entendre la messe. Voilà presque un mois que la maladie, si l'on peut appeler maladie une douleur à la jambe, me retient à la maison. O mon Dieu, donnez-moi la patience que je prêche aux autres et dont vous m'avez montré de si beaux exemples. Vous, ô mon Jésus, qui habitez dans le sein de votre Père les splendeurs des cieux, vous avez bien voulu rester enfermé neuf mois dans le chaste sein de Marie, naître et vous laisser envelopper de langes, comme un pauvre petit enfant, dans la crèche de Bethléem. Pendant que tout s'agitait autour de vous pour chanter la gloire de Dieu, la paix aux hommes de bonne volonté, la destruction de l'empire de Satan, vous seul, l'auteur de toutes ces grandes choses, vous gardiez le silence... O silence plus éloquent que tous les discours; silence de mon Sauveur couché dans la crèche, au milieu d'humbles animaux, je vous adore... Je m'unis, bon Jésus, aux adorations de Marie et de Joseph, des Anges et des bergers... Je me prosterne à vos pieds, ô enfant divin, je les baise avec amour, en y voyant la blessure cruelle des clous qui vous attacheront à la Croix. Oh! daignez, aimable Jésus, étendre vers moi vos petits bras et me bénir de cette main qui doit un jour sauver le monde par sa toute puissante bonté. Si je l'osais, je vous demanderais de me permettre, malgré ma misère et mes fautes, mes très grandes fautes, de vous prendre dans mes bras et de vous étreindre sur mon cœur... Mais que dis-je? non seulement vous me permettez cette audace, mais vous mettez le comble à vos bontés en vous donnant à moi par la sainte communion. Par elle, vous devenez, réellement, le pain vivant descendu du Ciel qui donne la vie au monde. Ce pain sacré, j'ai le bonheur de le consacrer quand je dis la messe et de le manger quand je communie. Ce matin, vous êtes venu me visiter, ô divin enfant de Bethléem ; vous êtes descendu dans ma maison, vous êtes entré dans ma poitrine et j'entends encore votre voix qui m'assure que vous m'aimez et que vous voulez mon salut... O Jésus, je vous aime de tout mon cœur et je vous supplie, en cet anniversaire de votre naissance que je ne puis pas, hélas! célébrer à l'église où sont réunis vos serviteurs et vos servantes, je vous supplie de m'accorder la grâce de travailler avec plus de zèle à ma sanctification, afin d'être moins indigne de vous, qui m'avez fait votre prêtre pour le temps et pour l'éternité! Amen...

J'ai trouvé en me levant, dans mon soulier, une lettre de l'enfant Jésus. Il s'est servi pour me l'écrire d'une main amie. Il m'annonce qu'il me rendra la santé et que je pourrai faire encore quelque bien au troupeau qu'il m'a confié. Pour m'aider dans ma tâche, il m'annonce que cinq personnes charitables me donnent leurs noms pour la quête annuelle de l'assemblée de charité. J'ai lu cette lettre, et les larmes me sont venues aux yeux... Bénissez ô mon Dieu, ces cœurs dévoués qui veulent bien m'aider à faire votre œuvre. Je ne cesserai de les recommander à votre cœur divin et je les mets aux pieds de votre crèche, à côté, de votre sainte Mère et de saint Joseph votre père adoptif... *Benedictio Dei om nipotentis, Patris et Filii et Spiritus Sancti descendat super vos et maneat semper.*

Amen...

31 Décembre.
9 h. 3|4 du soir.

Encore 2 h. 1|4 et l'année 1893 va faire place à 1894. Quelle sera pour l'Eglise, pour la France, pour le monde, pour ceux que j'appelle des noms les plus doux: mes frères, mes sœurs, mes nièces, mes neveux, mes paroissiens, mes enfants spirituels, mes amis, quelle sera cette année dont la première minute est si proche? Sans doute, ce qu'ont été les précédentes. Elle verra se faire beaucoup de mal et peu de bien, j'entends de ce bien surnaturel inspiré par le pur amour de Dieu et tendant uniquement à sa gloire. Hélas! mon Dieu, qu'il est petit le nombre des âmes généreuses, ferventes, dévouées, persévérantes au milieu des tentations de ce monde. Ne nous en avez-vous pas averti quand vous nous avez dit par la bouche de votre divin Fils que beaucoup sont appelés et peu sont élus?

Et encore :Oh! qu'elle est large la voie de la perdition, et combien peu ont le courage de suivre celle qui mène à la vie éternelle, voie étroite et douloureuse semblable à la vôtre, ô Jésus, notre divin maître, ô Jésus, notre amour crucifié!,..

Et moi qui écris ces lignes, dans laquelle de ces deux routes suis-je réellement engagé? N'ai-je pas à me reprocher bien des manquements à mes résolutions d'abnégation et de sacrifice? N'ai-je pas à subir l'affreuse influence de la monotonie d'une vie qui n'est que trop semblable à celle que vous reprochiez,

ô Jésus, à l'évêque de Laodicée « O mi-
sero me!... » Pardon, mon Dieu, du
fond du cœur pour tous mes péchés
passés, pour toutes mes négligences
journalières, pour tout le mal que je
fais et pour tout le bien que je ne fais
pas. Pardon, Seigneur, et miséricorde.
Prosterné à vos pieds, je vous implore au
nom de votre cher fils humilié pour
moi à la crèche, blessé par le fer de la
circoncision. Je vous demande votre
grâce au nom de Marie votre très sainte
mère, ô Jésus, et aussi au nom de saint
Joseph. Bénissez-moi, après m'avoir
pardonné. Bénissez aussi tous ceux qui
me sont chers, tous ceux qui me témoi-
gnent de l'affection ou de l'intérêt, tous
ceux qui vous aiment comme les saintes
âmes qui ne vivent que pour vous plaire.
Ayez pitié, Seigneur, de votre Eglise, de
Notre Saint Père le Pape, de la France,
du monde entier et tirez, cette nuit, du
purgatoire toutes les âmes qui achèvent
d'y expier leurs fautes... Amen.

1894

1er Janvier.

Mon mal de jambe me retient toujours
à la maison. Hier soir, j'ai reçu la visite
et les vœux de bonne année de mes vicaires, des employés de l'église, des Frères de l'école et des petits enfants de
chœur. Ce matin mes domestiques m'ont
souhaité la bonne année. L'excellent
M. L*** est venu m'apporter ses vœux
avec ceux de sa mère et de sa sœur, le
tout accompagné du présent que je
puis appeler traditionnel : car voilà
31 ans que chaque 1er Janvier ils me té-

moignent ainsi leur amitié. Je prie le bon Dieu de leur rendre au centuple ce qu'ils font dans une pensée de foi pour leur pauvre pasteur et sincère ami.

Ce soir j'ai reçu à ma table tous les membres de ma famille présents à Paris.

2 Janvier.

Les visites qui sont encore venues dans l'après-midi, m'ont empêché d'écrire, sur mon journal.

Le docteur R*** m'a affirmé que je serais bientôt guéri de ma sciatique. Quand sera-ce, ô mon Dieu, que vous me donnerez la liberté de retourner à l'église pour y dire la Sainte Messe et remplir les autres devoirs de mon cher ministère ! Mais que votre sainte volonté se fasse et non la mienne !...

L'epiphanie.

La manifestation de Notre-Seigneur aux gentils,.. O Jésus, qui vivez au ciel

dans la gloire, sur la terre dans le tabernacle pour la consolation de vos fidèles, et dans votre Eglise pour instruire les âmes, réconcilier les pécheurs,
raffermir les bons, secourir les mourants,
aider les prisonniers du Purgatoire à
briser leurs chaînes, Jésus, doux enfant
de la crèche, ayez pitié de nous, qui gé-
missons au milieu d'un monde pervers,
ayez pitié des âmes que vous êtes venu sauver!... Je vous en conjure par
votre très sainte mère qui reçut les Mages et vous présenta à leurs adorations.

7 Janvier.

J'apprends la mort du vénérable M.
Legrand, curé de Saint-Germain l'Auxerrois. C'est hier, jour de l'Epiphanie
qu'il s'est éteint après une agonie de
15 jours. Né en 1808, ordonné prêtre,
en 1831, comme il aimait à me le faire
remarquer, quand j'étais son vicaire:

et qu'il mesurait les années de sa prêtrise à celles de mon âge, il gouvernait la paroisse de Saint-Germain l'Anxerrois, depuis 1850. J'étais secrétaire de l'archevêché quand je le connus pour la 1re fois en 1856. Qui m'aurait dit que je serais son vicaire aussitôt après la mort de Mgr Sibour !... Depuis mon départ de Saint-Germain en 1865 jusqu'à ces derniers temps. j'ai toujours trouvé M. Legrand rempli de bienveillance pour mes frères et pour moi. Je l'ai vu et embrassé hélas ! pour la dernière fois, à Saint-Sulpice le jour de l'enterrement de M. Icard. Chose singulière ! La mort de M. Icard et celle de M. Legrand ne cessaient, depuis un certain temps de hanter mon imagination. Je perds, dans ces vénérables prêtres, les deux hommes, les seuls. qui me rattachassent intimement à Saint-Sulpice et à Paris. Les prêtres que je connais au séminaire et dans le clergé parisien, sont ou de mon âge ou plus jeunes, ou s'ils sont plus âgés, sans lien d'éducation cléricale avec moi. L'abbé F*** est un prêtre que j'estime et que j'aime... J'aime et j'estime aussi M. l'abbé B*** qui me tient lieu de père spirituel... Mais je ne puis pas dire qu'ils sont mes amis intimes. Pour en revenir à M. Legrand dont la vie sacerdotale a été si longue, il sait maintenant à quoi s'en tenir sur la véritable valeur de son ministère. Il a rendu compte de son administration et j'espère, ô mon Dieu, que vous lui aurez fait miséricorde, pour les fautes échappées à sa fragilité. Ayez pitié de lui, ô mon Dieu, mettez-le au nombre de vos élus, donnez-lui la couronne des pieux prêtres, celle que vous avez déjà donnée, je l'espère, à mes bons et pieux directeurs de Saint-Sulpice, à mes divers curés, à mes frères dans le Sacerdoce, et particulièrement à ce bon Mgr Sibour, dont la mort arrivée le 3 Janvier 1857 et dont le souvenir, au moins pour moi, se rattachent douloureusement à celui de M.

1894

Legrand, à cause du malheureux Verger...

9 Janvier

C'est aujourd'hui, à 10 heures, qu'ont eu lieu, à Saint - Germain l'Auxerrois, les funérailles de M. Legrand. Mgr Richard les a présidées. On m'a dit qu'il y avait beaucoup de monde dans l'Église. M. Legrand avait ordonné dans son testament qu'on l'enterrât simplement, qu'on ne mit ni couronnes ni fleurs autour de son cercueil ni autour du catafalque. La coutume contraire lui paraissait quelque peu païenne. C'est aussi mon avis; et je veux, quand je devrai être enterré, qu'il n'y ait autour de ma pauvre dépouille mortelle ni couronnes ni fleurs. Des prières dites par des cœurs religieux doivent, certes, suffire au prêtre défunt .... *Miseremini mei, miseremini mei, saltem vos, amici mei...*

1894

Mementote præpositorum vestrorum qui vobis locuti sunt verbum Dei... orate pro invicem... Sancta ergo et salubris est cogitatio pro defunctis exorare ut a peccatis solvantur...

C'est aujourd'hui, aussi, le second jour de l'Adoration perpétuelle à Sainte Élisabeth. L'abbé de la Roussellière, du clergé de Saint-Denis du Saint-Sacrement, est invité à donner le sermon. Toujours retenu à la maison par ordre du médecin, je ne peux que m'unir de désir et d'intention aux adorateurs de Jésus. C'est du moins du fond de mon cœur, ô Jésus, que je vous adore, vous loue, vous bénis et veux vous aimer à jamais.

Amen!

17 Janvier.

Hier j'ai reçu la visite de M. Caverot, vicaire trésorier à Notre-Dame de Lorette qui m'a remis la lettre par laquelle M. Caron me notifie que Son Éminence a nommé cet ecclésiastique 2eme vicaire de Sainte-Elisabeth en remplacement de M. l'abbé Doby nommé de son côté 2eme vicaire de Saint François Xavier. — M. Doby était venu vendredi dernier m'apprendre son changement. C'est à regret que je vois partir ce bon prêtre qui n'a cessé de me donner des témoignages d'attachement et qui faisait du bien dans ma paroisse par son zèle et son aménité. Que sera son successeur? L'archevêché me l'envoie sans me consulter, et, du reste je ne le connais pas. Les fonctions de vicaire trésorier qu'il remplit à Notre-Dame de Lorette prouvent qu'il doit aimer l'administration des choses concernant la Fabrique et la sacristie. J'ai bien besoin qu'il s'attache à ses nouveaux devoirs, qu'il soit affable envers tous les paroissiens qui vont entrer en rapports avec lui pour les convois et les catéchismes; qu'il aime les enfants et les œuvres dont je le chargerai: propagation de la Foi, Sainte-Enfance, confrérie du Sacré-Cœur.

Ne l'ayant pas demandé, je puis croire que c'est Dieu qui me l'envoie. C'est demain la fête de la Chaire de Saint Pierre à Antioche. Je prie humblement Saint Pierre qui est, après Notre-Seigneur, le Prince des pasteurs de l'Église, de lui obtenir du divin Maître l'esprit d'intelligence et de désintéressement, de force et d'aimable douceur qui nous est si nécessaire pour l'accomplissement de notre mission.

Cette grâce d'intelligence et de force, de suavité et de fermeté dans le gouvernement, je la demande aussi très instamment pour le nouveau Supérieur général de Saint-Sulpice qui a été nommé hier par le conseil des douze réunis au séminaire. Ce nouveau supérieur est Monsieur Captier, procureur des Sulpiciens à Rome, frère de M. Captier, qui périt victime des communards en 1871 : tous deux avaient été mes condisciples au grand séminaire de Saint-Sulpice.

21 Janvier.

Quelle date !... Il y a eu l'année dernière cent ans que Louis XVI est monté sur l'échafaud... Pendant ces cent ans que de révolutions accomplies en France et dans le monde entier ! que de sang répandu ! que de catastrophes de tout genre !... Hélas! tant que le monde vivra, il y aura toujours des catastrophes, du sang versé, des révolutions, parce que la terre est et sera toujours désolée par le péché. La mort, précédée par d'innombrables misères, est la solde du péché. Elle ne cessera de régner qu'à la fin des siècles, quand le jour du dernier jugement sera venu. En attendant, il faut que nous nous résignions à souffrir, à porter notre croix, à triompher, si nous le pouvons, du mal par la vertu, du péché par la pénitence, de la mort par Notre Seigneur Jésus-Christ reçu dans la Sainte Eucharistie comme le gage de l'éternelle vie.

28 Janvier.
Dimanche de la Sexagésime.

Fête du Cœur Immaculé de Marie, refuge des pécheurs. Grande fête patronale de Notre Dame des Victoires.

Hier matin, est mort dans cette paroisse, après une courte maladie, mon vieil ami, M. l'abbé Dumax premier Vicaire.

Je suis allé, à l'issue des vêpres, prier quelques instants auprès de son corps. Il est revêtu des habits sacerdotaux et repose sur un petit lit tendu de draps blancs. On dirait qu'il dort, ou plutôt qu'il prie le bon Dieu dans un recueillement profond. Il meurt sur la brèche, comme un bon et fidèle serviteur de Jésus et de Marie. Notre-Dame des Victoires l'a possédé la plus grande partie de sa vie. Au sortir du séminaire de Saint-Sulpice, en 1851, il fut placé comme vicaire à la paroisse des missions étrangères. Il vint ensuite à Notre-Dame des Victoires et aida M. Chanal qui en était alors le curé, à organiser l'archiconfrérie. Après la mort de Monseigneur Morlot, Monseigneur Darboy, mécontent du zèle qu'il montrait en toutes circonstances pour Mgr. de Ségur dont il avait été quelque temps le secrétaire à Rome en 1853 et 1854, et prévenu contre lui, le renvoya de Notre-Dame des Victoires à Saint Philippe du Roule. Mais au départ de M. Couillié nommé promoteur du Diocèse de Paris en 1874, il fut rappelé dans sa chère Eglise et c'est en qualité de premier Vicaire et de Directeur de l'Archiconfrérie qu'il y est resté jusqu'à sa mort. Il laisse la réputation d'un saint. C'était, certainement, un digne prêtre, bien attaché à tous ses devoirs; assidu au confessionnal et aux offices; collaborateur zélé et intelligent des annales de l'Archiconfrérie de Notre dame des Victoires; écrivain infatigable.

Il a mis au jour beaucoup de petits livres de piété, des Catéchismes expliqués et pleins d'histoires, des Mois de Marie, voire même de savantes généologies du Prince d'Orléans et des chronologies bibliques.. Sa mère était la tante de notre bon Docteur de S***. Cette circonstance avait servi à rendre plus étroite notre liaison commencée à Saint-Sulpice, nouée à Rome et continuée sans interruption jusqu'à ce jour. Je suis persuadé que ce bon et saint ami est au ciel et qu'il ne cessera de prier pour moi. Puissé-je mourir comme lui dans l'exercice de mes saintes fonctions et en laissant, après moi, la suave odeur des vertus sacerdotales.

24 Février.

Je viens de lire avec un vif intérêt et un véritable plaisir les controverses de Saint François de Sales dans le premier volume de ses œuvres complètes éditées présentement à Annecy, sous le patronage de Notre Saint Père le Pape Léon XIII et sous les yeux de Mgr Isoard, par les religieuses du premier monastère d'Annecy. Dom B. Mackey, de Newport et son frère le R. P. Pierre Paul Mackey de l'ordre de Saint Dominique, le même que Léon XIII a appelé à Rome pour travailler à l'édition monumentale et dite fête léonine des œuvres de Saint Thomas d'Aquin, ont réuni leurs efforts pour nous donner une édition aussi complète que sincère des écrits du saint et aimable docteur, fondateur de l'ordre de la Visitation.

Si l'abbé Bourbonne vivait encore, il serait très heureux de pouvoir lire les écrits de Saint François de Sales dans des volumes si bien imprimés et si judicieusement classés. Mais il est plus heux encore d'être mort comme un saint puisqu'il jou't de la vision béatifique et possède, avec notre grand docteur, la vérité et l'amour incréés dans le foyer même où ils résident. O quand sera-ce, ô mon Dieu, que moi aussi, je n'habiterai plus la région des ombres et la vallée des larmes et que je pourrai m'abreuver, avec lui, aux fontaines éternellement jaillissantes de l'éternelle vie! Plus je reste en ce monde et moins je m'y plais. Hélas! tout n'y est-il pas vanité et affliction d'esprit? Que les jours y sont parfois tristes dans leur monotonie! Que les hommes sont peu aimables! que la société... Mais assez de misanthropie comme cela. Songeons à autre chose.

Demain, troisième dimanche de carême, j'adresserai quelques paroles à mes paroissiens pendant la messe de 9 heures; mes névralgies m'en ont empéché jusqu'ici. C'est à peine si le dimanche de la purification de la Sainte-Vierge, à la réunion des confréries, j'ai pu dire quelques mots aux pieux assistants en leur présentant mon nouveau second vicaire. Je les engagerai donc demain,

mes bons paroissiens, en les remerciant
de la manière dont ils ont suivi pendant
l'Avent dernier les saints exercices de
la mission, à bien profiter des derniers
jours de Carême pour se sanctifier de
plus en plus. Car c'est là le but que
nous devons tous poursuivre, puisque
nous sommes tous des chrétiens et des
catholiques convaincus et pratiquants.
Notre Seigneur Jésus-Christ qui est le
fort armé dont il est parlé dans l'évangile de ce troisième dimanche a vaincu
le démon, il lui a arraché ses armes, c'est-
à-dire le masque menteur dont il se servait pour nous perdre, et nous a remis
dans le chemin de la vérité et de la
justice, nous qui étions ses victimes et
peut-être ses esclaves. Et maintenant
nous avons la foi. L'espérance du ciel
nous fait trouver bien fades les plaisirs
de la terre. L'amour divin embrase nos
âmes et les rend aptes à l'accomplissement de tout bien. Persévérons donc
dans une si belle voie. Ne nous laissons

pas vaincre par l'ennemi qui, sans doute, redoublera ses efforts pour nous séduire et s'unira à sept démons plus méchants que lui, pour nous attaquer. Redoublons d'énergie: prions; soyons humbles, mortifiés, charitables, faisons l'aumône. Par là nous serons dignes d'avoir part aux louanges que donne Notre Seigneur à ceux qui entendent et mettent en pratique la parole de Dieu.

Amen.

27 Février

Après avoir fait plusieurs courses nécessaires, j'ai terminé ma tournée par une petite visite à la pieuse secrétaire des œuvres paroissiales, Madame V***. Elle m'a donné de bonnes nouvelles de nos Dames quêteuses. Grâce à la générosité d'une sainte amie de Notre Seigneur, elles apporteront toutes des aumônes abondantes qui nous permettront de reconstituer, pour une année, le pré-

cieux trésor de la charité. Je prie le bon
Dieu de répandre ses meilleures faveurs
sur cette personne bienfaisante et sur
toutes celles qui lui ressemblent.

19 Mars

Saint Joseph, priez pour nous… —
Que de lèvres, interprètes de cœurs
chrétiens dévoués à Saint Joseph, ont
répété aujourd'hui cette fervente invo-
cation!… Il est vrai, nous ne célébrons
cette année, à cause de la semaine sainte. la fête de Saint Joseph que le 4 Avril.
Cependant les fidèles amis de ce grand
saint n'attendront pas jusqu'au 4 Avril
pour l'honorer et le prier. Tous lui ont
offert aujourd'hui leurs hommages. Tous
ont souhaité leur fête à ceux de leurs
parents ou amis qui portent son glorieux nom. Saint Joseph n'a pas été
sourd à de tels vœux et je suis certain
qu'il n'attendra pas non plus au 4 Avril
pour exaucer nos prières.

Hier, après le salut, je suis allé dans son Église lui porter pour moi et pour tous ceux que j'aime, mes vœux et mes demandes. Ce matin j'ai dit la messe en son honneur. Puisse-t-il, ce grand protecteur de l'Église, obtenir de son divin fils le retour de beaucoup d'âmes aux pratiques de la vie chrétienne, et, particulièrement, la conversion d'un si grand nombre de pauvres pécheurs qui portent son nom et nous affligent par leur coupable indifférence.

14 Avril
A quoi sert la Confession?

A beaucoup de bonnes choses qu'il serait trop long d'énumérer. N'en citons qu'une dont je viens aujourd'hui de faire une agréable expérience. Un curé de Province m'avait demandé l'adresse d'un de mes paroissiens et je m'étais empressé de la lui envoyer. Ce matin le bon prêtre m'envoie dans une nouvelle lettre la somme de 150 francs en billets de banque, provenant. me dit-il, d'une personne inconnue qui l'a chargé de remettre ou de faire remettre à mon paroissien les 150 francs, à titre de restitution. J'ai porté, il y a peu de temps, l'argent à sa destination et je puis dire, en toute vérité. qu'il a été bien reçu et que le destinataire ne sera pas tenté désormais. si toutefois il l'a jamais été, de médire de la confession…

26 Avril.

Les enfants de Sainte Elisabeth viennent de faire leur première communion. Je leur ai distribué le pain des Anges avec une grande joie. J'espère. leur avais-je dit, que vous êtes bien préparés. Appartenant tous à des familles chrétiennes. vous avez puisé auprès d'elles la connaissance et l'amour de notre sainte religion. Le catéchisme a développé cette connaissance ; puis est ve-

nue la retraite. Hier, Dieu vous a pardonné vos fautes. Vos parents vous ont
bénis; et, en ce moment, ils sont là autour de vous, prenant part à votre joie,
priant pour vous, vous accompagnant à
la table Sainte, où Jésus va se donner à
vous pour être la vie de vos âmes, et
attendant, avec une émotion visible, l'heureux moment de vous presser dans leurs
bras, sur leur cœur, et de presser ainsi,
avec vous. le bon Dieu lui même vivant
en vous... Venez donc sans crainte à
la table du Sauveur. Vous le recevrez
avec tout l'amour dont vous êtes capa-
bles, et lui vous comblera en retour de
toutes ses faveurs...

Les petits garçons étaient au nombre
de 68, — les filles de 82 — les renouvelants
devaient compléter le nombre de 200. A
1 heure1/2, Mgr. Coqset viendra les con-
firmer à la place du Cardinal. Le temps
est assez beau. O Jésus, qui êtes le véritable soleil des âmes, éclairez et vivifiez
ces jeunes cœurs. Donnez-leur votre Es-

prit Saint et qu'ils demeurent jusqu'à la fin dans votre amour.   Amen!

4 Mai. .

C'est le P. Guibé, jésuite, qui nous prêche le mois de Marie. Il parle facilement et pieusement. Ce soir, il a dit qu'il étudierait la sainte maison de Nazareth, en elle même d'abord; ensuite, dans ses heureux habitants. Tout, ici, nous sera sujet d'admiration et d'édification.

La maison de Nazareth, considérée en elle même, est d'humble apparence, et se compose de trois petites pièces. On n'y voit que des objets de première nécessité et des outils de travail. Cette demeure si pauvre convient-elle bien au Verbe incarné et à la Mère de Dieu? — Oui, parce que le Verbe ne s'est incarné que pour notre salut et que le grand obstacle au salut étant la cupidité, il devait naître pauvre, vivre et mourir pauvre. Le Père nous a demandé d'aimer et de pratiquer le détachement; d'avoir, sinon la pauvreté effective, du moins la pauvreté affective. Ses paroles m'ont rappelé la vie du Saint pauvre B. J. Labre que je lis en ce moment. Oh! si nous comprenions bien la leçon de Jésus à Nazareth, nous deviendrions bientôt des saints!

6 Mai.

Dimanche dans l'octave de l'Ascension. — Évangile S. Jean XV, 16 et XVI, 1 et 2. Promesse faite aux Apôtres par Notre-Seigneur de leur envoyer bientôt l'Esprit Saint qui est la troisième personne de la Sainte-Trinité, qui procède du Père et du Fils; Esprit de vérité, de sainteté, de force, parce qu'il est l'esprit d'amour et que rien n'est plus fort que l'amour. Quand ce divin Esprit sera venu dans les Apôtres, rendant ainsi témoignage à la divinité de Jésus-Christ, il leur communiquera la grâce de porter eux-mêmes témoignage à Notre-Seigneur devant toute l'humanité. Ils prècheront le divin Sauveur sans crainte des persécutions. Ils l'annonceront aux grands et aux petits. Ils soutiendront enfin leurs prédications par d'éclatants miracles, par des œuvres de charité inconnues au monde, par une sainteté qui ira jusqu'à vouloir mourir pour Dieu et pour son Christ.

L'Église, en nous faisant lire et méditer, aujourd'hui, cette promesse de Notre-Seigneur veut nous placer, nous aussi, dans la situation des Apôtres au lendemain de l'Ascension. Elle nous les montre réunis dans le Cénacle sous la présidence de Marie, l'auguste mère de Jésus, et se préparant par la retraite, la pénitence, les saints désirs, la prière commune, à l'effusion de l'Esprit-Saint. Nous savons que ce fut 10 jours après l'Ascension que se réalisa la promesse du Sauveur; et les actes des Apôtres nous montrent la manière admirable

dont cet évènement eut lieu. La Pentecôte chrétienne fut réellement le jour heureux de la naissance de l'Eglise baptisée
dans le sang du Christ et dans le feu de
l'amour divin. A partir de ce jour, elle
commença son œuvre de civilisation et de
régénération surnaturelle dans le monde.
Et nous sommes, ici, dans ce temple saint
élevé et soutenu par la foi en Jésus-
Christ, nous sommes, comme les Apôtres,
les dépositaires et les témoins des véri-
tés divines.

Préparons-nous donc à célébrer le
grand anniversaire de la Pentecôte.
Repassons dans notre esprit les mystères de notre sainte religion. Sancti-
fions-nous en approchant des sacrements de Pénitence et d'Eucharistie.
Prions ensemble sous les yeux de Marie
mère de Jésus. Et que toute notre vie
soit un témoignage de notre foi. Par là,
nous mériterons d'être reconnus pour les
véritables enfants de Dieu. Venez, nous
dira Notre-Seigneur au jour glorieux de

son second avènement, venez, mes témoins fidèles, les bénis de mon Père,
venez prendre possession du royaume
que je vous ai acquis par mon sang et
que vous vous êtes assuré par vos vertus.

8 Mai.

Jour glorieux pour Jeanne d'Arc!
Que de fêtes, en son honneur, à Orléans,
à Paris, et en beaucoup d'autres
villes! Notre église du Sacré-Cœur de
Montmartre a reçu aujourd'hui la visite de milliers de pélerins accourus
pour entendre les louanges de la
libératrice de la France au quinzième
siècle, proclamée vénérable par l'Eglise
et bientôt, sans doute, canonisée comme
une sainte. C'est M. Brettes, chanoine
prébendé de Paris qui a prêché. Puisse
sa voix avoir fait jaillir dans les cœurs
de tous ceux qui l'ont entendu un plus
grand amour pour le Christ, Sauveur du
monde, qui aima si tendrement la France

au temps de Jeanne d'Arc et qui, nous l'espérons, ne l'abandonnera jamais.

9 MAI.

Aujourd'hui, a eu lieu à Saint-Roch, sous la présidence de son Eminence le Cardinal, assisté de MM. Caron Bureau et Odelin, la discussion du cas de conscience. M. Méritan, curé de Saint-Sulpice, modérateur de la conférence, a donné ses conclusions de la manière nette, précise, élégante qui caractérise ses discours. Je l'avais vu lundi dernier, à Saint-Germain l'Auxerrois, où nous assistions à l'installation du nouveau curé, M. l'abbé de Bréon. Je l'ai trouvé très pâle. Heureusement que le mal dont il souffre n'est pas mortel, et qu'il peut contribuer à augmenter encore la somme de ses mérites. M. l'abbé Delamaire, curé de Bercy, a fait l'exhortation d'usage. Il a commenté pieusement et noblement le fait évangélique de la

pêche miraculeuse racontée par saint
Luc. Si nous savons bien entendre les
leçons du divin Maître, nous imiterons
saint Pierre, nous ne reculerons jamais
devant l'invitation que nous adresse
Notre-Seigneur de prendre nos filets, de
détacher notre barque, de cingler vers
la haute mer et, là, de jeter nos filets,
ou, pour parler sans figures, de travailler courageusement, dans nos paroisses,
à la pêche des âmes, en allant vers elles,
en les entourant des divins appeaux de
la douceur, de la sainteté, de la charité,
de la doctrine, de l'administration des
sacrements. Oh! quelle est belle notre
vocation de pêcheurs d'hommes! com-
prenons-la donc mieux que jamais...

Son Éminence, au sortir de Saint-Roch,
a dû aller visiter M l'abbé Vallée, curé
de Clignancourt, tombé tout à coup dan-
gereusement malade.

Le bon P. Guibé continue ses instructions du mois de Marie. Après avoir
pris dans la considération de la maison

de Nazareth habitée par Jésus, Marie et Joseph, des leçons de pauvreté, de modestie, de silence, de paix, d'ordre à l'usage de chacun de nous, il se propose d'étudier les habitants de cette sainte demeure, type achevé de toute maison chrétienne. Ce soir, il nous donnera un double portrait de Notre Seigneur : son portrait théologique, son portrait moral. Il a terminé en nous recommandant 1° d'adorer Notre-Seigneur Dieu et homme tout ensemble; *tu solus sanctus, tu solus dominus, tu solus altissimus, Jesu Christe, cum sancto Spiritu in gloria Dei Patris;* — 2° d'imiter Jésus-Christ notre divin médiateur et notre modèle: *Hoc sentite in vobis quod et in X. Jesu...*

Vivo, jam non Ego, vivit vero in me Christus. Cette parole de saint Paul se réalise dans les saints d'une manière plus ou moins parfaite, toujours admirable. Mais que je suis loin, bien loin de la voir réalisée en moi! Hé-

!las! plus je m'étudie et plus je me reconnais misérable, et au physique et au moral. Serait-il vrai, ô mon Dieu, que ma vie ne se prolongerait que pour mon malheur? oh! combien j'ai besoin que vous preniez en pitié ma pauvre âme qui éprouve si douloureusement les moindres secousses du dedans et du dehors... *Quis me liberabit de corpore mortis hujus?* Votre grâce, ô mon Dieu! Ne me la refusez pas. Je vous la demande humblement pour mes frères et pour moi, au nom de votre admirable Ascension dont nous célébrons demain l'octave, et au nom de Marie, votre mère... Amen, amen...

11 Mai

Le journal annonce la mort de M. l'abbé Vallée. Il est allé au Ciel le jour de l'octave de l'Ascension. Que je meure, comme lui, en disant à Dieu: *fiat voluntas tua....*

Ma nièce Louise G*** m'a envoyé hier le plan de la maison irrégulière, anguleuse, froide et peu commode que ma sœur Marie habite depuis l'époque de son mariage.

C'est là que notre pauvre mère, après la mort de mon père, aimait, cependant, à rester pendant la belle saison. C'est là qu'à mon tour je suis allé plusieurs fois passer quelques jours pendant mes vacances. L'hiver est rigoureux à Bas; mais l'automne y est agréable et l'on peut se promener avec un livre ou un chapelet à la main dans la campagne, sur les bords de la Loire, ou au milieu des chemins qui coupent les prairies.

Que de bonnes lectures, que de douces prières ai-je ainsi faites?...

Probablement je n'en ferai plus beaucoup de semblables à l'avenir. Mes pauvres jambes m'interdiraient la marche prolongée. Ce n'est point avec elles que je pourrais gravir de nouveau le sentier rocailleux qui conduit au sommet de la roche Baron, ni celui qui mène à Navogne chez la famille Ch***.. si chère à ma sœur Marie...

Les ruines d'une maison se peuvent réparer : que n'est cet avantage pour les ruines du visage et pour les vieilles jambes fatiguées !...

20 Mai.

Il y a huit jours aujourd'hui que j'ai eu le bonheur d'aller au séminaire de Saint-Sulpice me retremper dans la connaissance et l'amour de Notre-Seigneur, en participant aux exercices de la retraite des ordinants.

L'explication du Pontifical a été faite d'une manière intéressante et pratique par M. Biel, directeur du séminaire. J'ai entendu trois sermons : le premier sur les dangers que le monde, à l'époque actuelle, offre au prêtre obligé de vivre dans son milieu : dangers pour l'esprit, — rationalisme, — scepticisme — matérialisme.... — dangers pour le cœur

— sensualisme .... Donc il faut qu'il vive plus que jamais de la Foi — *Justus ex fide vivit* — *Qui Christi sunt, carnem suam crucifixerunt cum vitiis et concupiscentiis.* Le second sur la *Sainte-Eucharistie.* Puisque Jésus-Christ naît par nous au saint autel et y demeure, par amour pour nous, sous les saintes espèces, n'est-il pas de toute justice:

1° Que nous respections sa présence admirable au milieu de notre si pauvre humanité...

2° Que nous l'aimions de tout notre cœur, lui qui ne vient sur l'autel et ne demeure dans le tabernacle que par amour pour nous. — *Veni ut vitam habeant et abundantius habeant — manete in dilectione mea.*

3° Que nous l'imitions dans sa vie de religion par rapport à Dieu son Père. — *Pater holocaustomata non tibi placuerunt; corpus autem aptasti mihi: tum dixi: ecce venio ut faciam, Deus, voluntatem tuam..* dans sa vie de dévoucment par rapport à nous: — *Ego sum vitis,, vos palmites, manete in dilectione mea... exemplum dedi vobis...* — dans sa vie d'anéantissement par rapport à lui-même — *discite a me quia mitis sum et humilis corde — panis quem ego dabo caro mea est...*

Le troisième sermon a eu pour objet l'amour que nous devons avoir pour l'Eglise, sortie du cœur de Jésus sur la croix, fondée dans le sang des Apôtres et des martyrs, l'Eglise, notre institutrice et notre mère. Nous devons l'aimer, par conséquent. d'un amour filial parce qu'elle est notre mère, d'un amour compatissant, parce qu'elle est affligée... persécutée... méconnue en ce monde.............................

Je suis rentré bien édifié de ces cinq jours passés au séminaire. L'ordination a eu lieu samedi. Puissé-je, moi qui ai été ordonné Sous-Diacre le 5 Juin 1852, Diacre le 21 Mai 1853, et Prêtre le 1er Avril 1854, avoir reçu du Saint-Esprit,.

pendant cette retraite, des grâces abondantes de rénovation sacerdotale, et imiter saint Paul en oubliant tout ce que j'ai fait jusqu'ici pour ne songer qu'à mieux faire désormais ce que Dieu demande de moi!... O Marie, que nous honorons particulièrement pendant ce mois de Mai, ô vous qui êtes la mère de Jésus et qui êtes aussi la mienne, priez, s'il vous plait, pour tous les prêtres de votre divin Fils et pour moi le plus indigne d'entre eux.

Ainsi soit-il!....

31 Mai.

Clôture du mois de Marie. L'Eglise était remplie de fidèles... Le Père a été religieusement écouté. Il a résumé ses instructions de tout le mois et terminé en montrant Nazareth toujours présent au milieu de nous, — présent dans les temples où réside la majesté divine; — présent dans

le tabernacle avec la Sainte-Hostie —
présent dans les familles chrétiennes,
qui reproduisent, dans leurs paisibles in-
térieurs, la vie de Nazareth, cette vie
de prière, d'ordre, de travail, d'édifiantes conversations, de visites charitables,
d'épreuves chétiennement supportées;
présent, enfin, dans l'âme de chaque fidèle
uni par la foi, l'espérance et la charité
à la sainte et adorable Trinité... Il a fait
ses adieux à Sainte-Elisabeth en termes
émus et a promis de prier pour nous,
après nous avoir demandé de prier pour
lui.

La procession du Très-Saint Sacrement a été fort belle. Le *Lauda Sion*
était chanté autant par les fidèles que
par le chœur. — O Marie très sainte et
très miséricordieuse, souvenez-vous de
ce peuple de Sainte Élisabeth qui vous
aime. Priez pour nous tous, afin que
nous soyons dignes des promesses de
Jésus-Christ votre divin Fils, et que
nous arrivons au terme heureux de

notre pélerinage terrestre, au Ciel, où vous régnez dans la gloire et l'éternelle joie. Amen...

3 Juin.

— Dimanche, 3ème après la Pentecôte. — Solennité de la Fête du Sacré-Cœur. Avant la venue du Sauveur, les hommes ne pouvaient croire à l'amour de Dieu; ils regardaient Dieu comme un être terrible, irrité contre l'humanité pécheresse, et qu'il fallait apaiser par des sacrifices de toutes sortes... Mais Jésus-Christ étant venu, ayant expié nos crimes par son sang, et forcé, en quelque sorte, son Père céleste à nous donner, avec le Saint-Esprit, le baiser de la réconciliation, l'humanité a senti que Dieu l'aimait véritablement; que Dieu était pour elle un père, un frère, un ami, un époux; et l'histoire de l'Église est là pour prouver combien ce sentiment a été fécond, puisqu'il a fait naître la véritable fraternité entre les hommes. Or, c'est sur le cœur même de Jésus, notre sauveur et notre médiateur, que Dieu et les hommes se donnent le baiser de paix. Si nous restons unis à Jésus-Christ par la foi, l'espérance et la charité, nous restons unis à son Père, et, tous ensemble, nous formons la magnifique unité de la famille chrétienne ici-bas, et de la famille des élus dans le Ciel... Voilà pourquoi Jésus-Christ a institué la Sainte-Eucharistie qui est, tout à la fois, le sacrifice de la loi nouvelle et le sacrement divin de l'éternelle charité de Dieu pour les hommes et des hommes entre eux. Offrons donc à Dieu la sainte victime et ne nous lassons pas de l'adorer, de l'aimer dans son sacrement...

Mais, prenons garde de ne nous aimer qu'en paroles et non pas en actes, comme nous devons le faire pour suivre l'exemple de Notre-Seigneur.

Amen.

— 355 —

5 Juin

Il y a ce matin 42 ans que j'ai reçu le sous-diaconat à Notre-Dame de Paris des mains de Mgr Sibour, 42 ans que je suis devenu le serviteur de Celui dont il est dit que le servir, c'est régner. Le jour, de mon sous-diaconat a été l'heureux moment de ma rupture définitive avec le monde, et de mon entière consécration à Dieu. Puisse le bon Dieu qui m'a appelé à le servir, malgré mon indignité, me pardonner, aujourd'hui ,les fautes si nombreuses et parfois si graves que j'ai commises dans l'accomplissement de mes devoirs. Je lui demande très humblement cette grâce en lui offrant son divin fils, l'adorable victime de mon salut et en lui rappelant toutes ses miséricordes. O mon Dieu, acceptez, je vous en conjure, mon repentir; renouvelez dans mon cœur l'esprit de ma sainte vocation; augmentez ma foi, mon espérance, ma charité. Que je sois enfin votre fidèle et dévoué serviteur à l'exemple de votre divin fils. Comme la très sainte Vierge et saint Joseph que je vive et que je meure, ô mon Dieu, tout à fait mort au monde et à moi-même, uniquement occupé à vous plaire. Amen.

8 Aout.

J'entre en vacances aujourd'hui et je vais partir dans quelques instants. Que le bon Dieu daigne bénir mon voyage et me rendre les forces dont j'ai besoin pour le mieux servir !...

10 Aout.

J'ai quitté Paris mercredi soir à 8 h. 1/4 par une pluie battante. Je suis arrivé à Troyes au milieu de la nuit, et, le lendemain, j'ai été dire la Sainte-Messe dans la chapelle des sœurs de Bon Secours. Puis après avoir vu Monsieur l'Aumônier et Madame la Supérieure, après avoir visité la cathédrale, je suis parti pour Pothières où je suis arrivé à 3 heures. J'ai trouvé mon pauvre frère assez triste. Ce matin, à 8 heures, j'ai célébré le saint sacrifice dans l'église de Pothières et j'ai offert la divine victime pour le salut de tous mes parents vivants et morts, de tous mes amis présents et absents...

12 Aout.

Que la sainte volonté de Dieu soit faite!... C'est la parole qui monte toujours de mon cœur à mes lèvres et que j'aime le plus à répéter avec mes amis. C'est la parole que j'ai emportée, ce matin encore, au saint autel où j'ai chanté la grand'messe. Hier, nous étions invités à Châtillon, chez M. C***. Ensuite, mon frère et moi, nous avons fait une promenade au château Gaillard. Je vais bientôt aller chanter les vêpres que le bon curé de Pothières veut que je préside. Et puis, demain, chassé par le mauvais temps, je m'acheminerai vers Dijon où j'espère trouver un meilleur climat.

15 Aout.

Avant-hier, je faisais ma visite au grand Séminaire de Dijon où j'ai eu l'avantage de trouver M. le Supérieur. Après avoir récité l'office à Saint Bénigne, je me suis rendu en voiture chez mon excellent ami, M. le curé de Velars qui me préparait une joyeuse et aimable réception. Ce saint Prêtre a voulu que je prêchasse aujourd'hui, à la grand'messe, après l'Evangile. La bonne Sainte Vierge que l'on prie si dévotement pour moi me donne réellement et des jambes et de la voix. Je n'ai plus mal à la tête et mon cœur est à l'aise. Notre Seigneur est bien bon de me combler de tant de grâces. Que ne puis-je apprendre qu'une amélioration est survenue aussi dans l'état des pauvres malades que j'ai laissés à Paris et que je voudrais tant retrouver debout à mon retour!

M. le curé de Velars est, comme toujours, tout dévoué à ses saintes fonctions pastorales. On est heureux de vivre avec un prêtre si zélé pour la gloire de Dieu et de sa Sainte Mère, si désinteressé, si intelligent, et si mortifié... Mais voici les Vêpres qui sonnent... Je reprendrai plus tard mon journal.

18 Aout.

Il pleut en ce moment, et nous voilà condamnés à garder la maison. Hier, le temps était beau. M. le curé de Velars en profita pour me faire gravir, partie en voiture, partie à pied, la Sainte Montagne. J'ai eu la consolation de prier Marie dans son antique sanctuaire pour tous ceux qui me sont chers et principalement pour mes malades. J'ai écrit à l'une d'elles combien j'étais heureux qu'elles pussent toutes se réunir pour chanter les louanges de Marie. Cette auguste Mère agrée toujours avec joie les louanges et les prières des hommes rachetés par le sang de son divin Fils. Combien doit-elle plus volontiers encore accepter les hommages d'âmes si dévouées à Dieu, si unies à Notre Seigneur, si filialement consacrées à son Cœur maternel ! ..

M. l'abbé Bernard J*** est toujours rempli pour moi des plus délicates attentions. Il m'est doux de vivre près de lui. Nous nous entendons admirablement. Nous récitons ensemble le saint office et le chapelet. Ensemble aussi, nous nous promenons dès qu'il plait à Dieu de faire luire son beau soleil. Hier, nous sortîmes du presbytère vers les trois heures. Le vent chassait et ramenait, tour à tour, les nuages. Le soleil se montrait un instant et s'éclipsait aussitôt. Les montagnes, à peine découvertes, s'enveloppaient, à nouveau, d'épaisses nuées. La statue de la Sainte Vierge était encore cachée derrière les toiles et les planches qui abritent les ouvriers occupés à mettre la dorure. On espère que ce travail sera terminé dans quatre ou cinq jours. Alors la statue de Notre Dame apparaitra au sommet de la colline comme une étoile brillante, ou, plutôt, comme un phare de salut... Mais je ne serai plus ici pour l'admirer.

25 Aout.

Me voici au Bourget du Lac, chez mon bon cousin Sainte-R***. Le temps est très beau. Mes parents qui m'attendaient depuis plusieurs jours commençaient à désespérer de ma venue. Aussi, m'ont-ils accueilli avec une grande joie. Je suis arrivé le 21. Nous avons eu de belles fêtes à l'occasion du baptême de mon cher petit cousin Raphaël. La cérémonie s'est faite solennellement le 23 à l'église du Bourget. J'étais assisté par Monsieur le Curé et son Vicaire. On nous avait offert avant que nous nous rendissions à l'église, un magnifique banquet. La table était dressée au bord du lac, sous une admirable charmille. Après le baptême, on nous servit un second festin où figuraient toutes sortes de gâteaux et de friandises sans oublier les dragées de baptême dont on a fait une large distribution à tous les enfants du pays. Aujourd'hui, les petites filles des sœurs qui en avaient eu leur part sont venues, avec leur bonne maîtresse présenter leurs compliments, remercîments etc... Elle ont dansé et chanté des rondes en l'honneur du nouveau chrétien qui semblait les regarder avec admiration. Après quoi on m'a prié de bénir cette troupe innocente, ce que j'ai fait de grand cœur.

Le temps continue à être splendide. C'est demain que les chasseurs se préparent à partir en guerre. Mais ce ne sera qu'après avoir entendu la sainte

messe que Monsieur le Curé du Bourget
doit dire pour eux à 4 heures du matin.

2 Septembre.

Mon transport du Bourget à B*** s'est
heureusement effectué. Mais je n'ai pu
voir Monseignenr Coullié, à Lyon, comme
je le désirais, car c'est le jour même qu'il
présidait les exercices de la retraite ecclé
siastique. Il m'a été doux, en arrivant à
B...., d'y trouver mes trois sœurs avec
leurs enfants. J'ai dit la Sainte Messe
dans la chapelle des Sœurs de l'hopital.
Jeudi prochain, toute la paroisse ira en
pélerinage à Notre-Dame de France.
Monsieur le Curé m'a offert d'en être le
Président honoraire. J'ai dû refuser
à cause de mes mauvaises jambes
et de mon pauvre larynx. Tout ce que
je puis faire sera de me joindre à nos
chers pélerins par mes vœux et mes
prières.

1894

6 Septemare

Nos pélerins sont partis, ce matin, à 5 heures 1/2 pour Le Puy. Malheureusement, le temps est sombre, pluvieux et froid.

10 Septembre.

Les pélerins du Puy sont revenus enchantés de leur visite à Notre Dame de France et à Saint Joseph. Ils ont rapporté les meilleures bénédictions de Monseigneur Guillois, le nouvel Évêque du Puy qui a bien voulu les recevoir et leur parler dans sa cathédrale.

Nous avons célébré, hier, la fête du Saint Nom de Marie. Avec quel délice j'ai lu dans l'office de ce jour ce que Saint-Bernard a écrit sur le nom si doux de notre mère du Ciel, sur ce nom dont les significations nous rappellent les grandeurs, les vertus et la miséricordieuse puissance de la glorieuse Vierge !

14 Septembre.

Mon voyage de retour s'est très heureusement effectué. J'ai passé par Clermont, Moulins, Nevers où j'ai dit la messe dans la cathédrale. Et je suis rentré dans ma paroisse hier au soir, à 6 heures 3o. Maintenant je vais invoquer la très sainte Vierge, Ave Maris Stella, pour qu'elle m'obtienne la force et la grâce de remplir fidèlement et généreusement les devoirs de mon ministère.

19 Novembre.
Fête de Sainte Elisabeth.

C'est la 15ᵉ fois que je célèbre la fête de Sainte Elisabeth comme curé de la paroisse qui porte son nom si doux et si vénéré. Dimanche prochain les paroissiens viendront en grand nombre, j'espère, et très dévotement honorer leur chère patronne. Ils assisteront aux offices qui seront très solennels et entendront le panégyrique de Sainte Elisabeth qui sera fait, après les Vêpres, par le P. de Saint Maixent, S. J. prédicateur de notre Avent. M. l'abbé Pousset, archiprêtre de N. D. de Paris, m'a promis d'assister à la Grand' Messe et de monter en chaire après l'évangile. Il parlera de Sainte Elisabeth sans aucun doute, et s'autorisera de sa grande charité envers les pauvres et les infirmes pour rappeler à mes paroissiens l'obligation où ils sont, plus que jamais, de soutenir les écoles libres, j'entends les écoles chrétiennes de la paroisse. Je vais lui envoyer, pour cet effet, une petite note qui lui apprendra que Sainte Elisabeth possède, depuis 1879, une école de garçons dirigée par les frères des écoles chrétiennes, et, depuis 1880, une école de filles dirigée par les sœurs de Saint André. La dite école de garçons ayant coûté d'établissement et d'entretien la somme de 151715 fr, 70, et celle des filles la somme de 191 717 fr, 25, ce qui fait pour les deux 343 432 fr, 95, il faut donc, pour les soutenir, trouver plus de 25000 fr par an. Puisse-t-il réussir à réchauffer le zèle de mes chers paroissiens et nous aider à découvrir de nouveaux souscripteurs pour remplacer ceux qui sont morts ou qui s'en sont allés dans d'autres quartiers ! Hélas ! Nous vivons, ici au milieu d'une population de plus en plus mélangée de juifs, de protestants, de libres penseurs, d'indifférents. Les ressources de la fabrique sont réduites à rien. Que deviendra le culte sacré, que deviendront les œuvres des écoles, de l'assistance des pauvres, du Catéchisme, si le bon Dieu ne nous envoie pas les moyens nécessaires pour les soutenir ?

Bonne et chère sainte Elisabeth, je m'adresse, ce soir, à votre cœur maternel. Cette paroisse est la vôtre. Les œuvres de cette paroisse sont la continuation de vos œuvres, à vous donc de montrer votre charité pour Dieu et

pour nous en nous obtenant, par vos prières, tout ce qui nous manque pour que
la paroisse revive, pour que la piété des
paroissiens refleurisse et que leur dévouement ne nous fasse jamais défaut.

Amen !

25 Novembre.

La voilà donc terminée cette belle fête
de Sainte Elisabeth ! Il est 6 heures du
soir. L'Eglise a vu aujourd'hui beauconp
de fidèles accourus, à notre appel, de plusieurs quartiers de Paris, groupés pieusement autour de l'autel, auprès des re-
liques de la chère sainte. Après l'Évangile de la Grand'Messe, ils ont entendu
M. l'archiprêtre de Notre-Dame parler,
en termes émus, des miracles opérés par
la charité de leur sainte patronne, et les
exhorter, au nom de Notre Seigneur Jésus-
Christ qu'elle aimait tant en lui-même et
dans la personne des pauvres, à soutenir, par d'abondantes offandes, l'œu-

vre capitale de nos écoles libres. Ce soir, après les Vêpres, le prédicateur de la prochaine station de l'Avent, le Père de Saint-Maixent leur a encore parlé de la chère sainte. Il a fait un tableau charmant de la vie de sainte Elisabeth. Puis, il s'est demandé, en s'adressant aux rationalistes de nos jours, à quelle cause il faut attribuer une telle vertu d'abnégation, un tel amour de la pauvreté sous les formes les plus rebutantes. Humainement parlant, la charité de Sainte Elisabeth est inexplicable. Il faut chercher sa raison d'être dans sa foi et son amour pour Notre Seigneur. Sa foi lui montrait Jésus dans la personne des pauvres. C'est lui qu'elle voulait aimer et servir en eux. Son cœur était pur, elle voyait Dieu dans toutes ses œuvres, et, formée à l'école de l'évangile, elle savait que servir les pauvres et les aimer c'était servir et aimer Dieu lui-même. Heureux qui comprend et pratique la charité de cette sorte ! celui-là est sûr de posséder la grâce de Dieu en ce monde et la vie éternelle dans l'autre. — Le Père a fini en recommandant, à son tour, l'œuvre des écoles chrétiennes de la paroisse. — J'ai fait deux fois la quête pour cette œuvre et presque personne ne m'a refusé son offrande.....

6 Décembre.
Fête de saint Nicolas.

Il y a huit jours nos petites et grandes filles des écoles de la paroisse réunies, à 10 heures, dans la grande nef de l'église célébraient avec un pieux enthousiasme la fête de sainte Catherine, leur chère patronne. Les bonnes sœurs de saint André ont voulu que cette fête se prolongeât dans la soirée à l'école. La supérieure m'a dit qu'en y arrivant les enfants avaient trouvé leur chère sainte Catherine magnifiquement parée. Elles vinrent, chacune, lui faire une belle révérence, s'agenouiller devant elle et, après avoir orné sa chevelure d'une belle épingle, se mirent à lui adresser les plus ferventes prières.

Aujourd'hui, les garçons de nos écoles se réunissaient à leur tour dans la grande nef où ils ont entendu avec recueillement et en chantant de pieux cantiques la messe du très saint Sacrement. Puis, le Directeur du catéchisme leur a parlé des vertus de leur patron. Il leur a présenté la douce et gracieuse figure de saint Nicolas enfant, celle du diacre bientôt prêtre et enfin évêque et assistant en cette qualité au premier concile de Nicée où il condamna l'impie Arius. Il a fini en exhortant son jeune auditoire à prier saint Nicolas et à imiter ses vertus : sa piété envers Dieu, sa charité pour le prochain, son obéissance à ses supérieurs, son attachement à la foi chrétienne, son intrépidité à défendre cette foi contre les hérétiques. J'ai dit, ensuite, moi-même quelques mots à ces chers enfants. Je les ai félicités de leur recueillement pendant la messe et l'instruction, et je leur ai recommandé de ne jamais oublier qu'ils sont chrétiens, eux aussi, et qu'ils doivent s'efforcer d'être, comme leur grand Patron, de parfaits chrétiens.

19 Décembre.

J'ai écrit aujourd'hui à ma sœur Marie pour lui annoncer avec regret que le mauvais temps me forcerait sans doute à renoncer au voyage de Bas. Et, pourtant, je voudrais bien m'y rendre pour bénir le mariage de ma nièce Louise G***

Elle doit épouser, le 29 de ce mois, un honorable jeune homme, notaire au Puy. Et elle désirait vivement avoir son oncle l'abbé auprès d'elle dans cette solennelle circonstance. De mon coté, je me réjouissais à l'avance du bonheur d'aller bénir cette chère enfant. Mais la rigueur de la saison et la faiblesse de ma santé ne me le permettront sans doute pas.

20 Décembre.

Belle journée pour l'église de Paris !
Belle journée, surtout, pour la paroisse
de Saint-Roch qui fêtait ce matin, le
soixantième anniversaire de l'ordination
sacerdotale du bon curé, M. l'abbé
Millault.

Après demain, la paroisse de Saint-
Leu sera également en fête. M. l'abbé
Fortoul ordonné prêtre il y a cinquante
ans, et premier vicaire de Saint-Leu
depuis vingt-trois ans, célébrera la
messe de son jubilé saderdotal à l'autel
de la sainte Vierge, samedi, à 10 heures,
entouré du clergé, des fabriciens et des
paroissiens de Saint-Leu. Ses amis viendront en grand nombre assister à cette
messe. Pous moi, qui suis un des plus
anciens de tous, je prieraí de tout mon
cœur, en union avec ce bon prêtre, et
j'espère que le bon Dieu le conservera
longtemps encore à mon affection.

J'aurais voulu que le Cardinal l'eut nommé chanoine puisqu'il n'a pas jugé à propos, jusqu'ici, de le nommer curé. Mais, d'ailleurs, M. Fortoul a l'esprit trop élevé et le cœur trop détaché des satisfactions que procurent aux âmes vulgaires les honneurs terrestres, pour regretter que l'archevêque ne le nomme ni curé, ni chanoine. Il est docteur ès-sciences mathématiques depuis de longues années. Il se dévoue, depuis plus de cinquante ans, à l'étude des choses saintes et au salut des âmes. Il a reçu de précieux témoignages d'amitié et d'estime de Mgr. Meirieu qui l'a nommé chanoine de Digne et de Mgr. Freppel qui l'a nommé chanoine d'Angers. Vénéré des paroissiens de Saint-Leu, il aime son ministère, et le bon Dieu lui conserve dans un corps vigoureux une âme toujours avide de s'instruire et de se dévouer. Avec cela, il peut bien se passer du camail de chanoine de Paris, et attendre paisiblement, au milieu de ses occupations studieuses, que le bon Dieu l'appelle au Paradis et lui décerne le prix qu'ont mérité ses vertus.

21 Décembre.

Nous avons célébré, ce matin, la fête de Saint-Thomas, apôtre. L'Eglise nous fait réciter trois fois les paroles de N.-S. « Vous avez cru, Thomas, parce que vous avez vu. Bienheureux ceux qui n'ont pas vu et qui ont cru ! » afin de nous rappeler le bonheur et les avantages de posséder la foi, principe de tout bien et fondement de notre salut. L'incrédulité obstinée de Saint-Thomas, dit Saint-Grégoire, nous a été plus utile que la facile crédulité de Madeleine. Sa conversion nous est, en effet, une preuve sans réplique de la résurrection de Notre Seigneur. Son apostolat et son glorieux martyre en sont, également, un témoignage irrécusable.

Dans l'après-midi, j'ai présidé l'assemblée des dames de charité. Ensuite, je me suis rendu chez les Sœurs de Bon-Secours dont je suis le confesseur extraordinaire depuis plus de vingt ans. Ces pieuses filles m'ont retenu longtemps à la chapelle, et n'ont pas voulu me laisser partir avant de m'avoir offert leurs souhaits de bonne année et m'avoir prié de les bénir, ce que j'ai fait de tout mon cœur.

De là, j'ai été visiter une pauvre malade que le bon Dieu éprouve depuis longtemps et qui ne cesse d'édifiier tous ceux qui l'approchent par son inaltérable patience et son amour ardent de la sainte Communion. Sa vie me semble être une imitation de celle de saint Paul dont le cœur était si intimement uni, par la charité, au Cœur de Jésus-Christ que saint Jean Chrysostome a pu écrire : que le cœur de Paul était le cœur de Jésus-Christ. Toujours occupée de son céleste époux, toujours désireuse de faire sa volonté, la malade dont je parle ne perd aucun des moments que la souffrance lui laisse libres. Elle les emploie à prier, à lire, à méditer, à se tenir au courant des œuvres saintes. Elle honore et affectionne particulièrement les prêtres en lesquels sa foi découvre Notre-Seigneur lui-même. Elle a une extrême compassion pour leur misère, soit physique, soit morale, et elle s'ingénie à trouver le moyen de les soulager. Le bon Dieu seul sait tout le bien qu'elle a fait à un grand nombre d'entre eux. Je la compare volontiers à sainte Véronique qui, au mépris des injures et des coups, essuyait avec son voile le visage couvert de sang, de boue et de crachats de notre divin Maître. Aussi Notre Seigneur l'aime-t-il tendrement et imprime-t-il sa divine image au fond de son âme et jusque sur ses traits. Guérira-t-elle de la cruelle infirmité qui la tient depuis si longtemps couchée sur un lit de douleurs ?... Elle ne paraît pas le croire ni le désirer. Le médecin lui donne peu d'espoir. Peut-être souffre-t-elle à la place d'autres âmes pour lesquelles elle s'est offerte, comme victime, à Notre Seigneur? s'il en est ainsi, je n'ai qu'à m'incliner respectueusement devant elle et à adorer dans son cœur *Celui* qui lui a inspiré un si beau dévouement. *Majorem (enim) caritatem nemo habet ut animam suam ponat quis pro amicis suis...*

O mon Dieu, je vous remercie de me rendre témoin d'un tel exemple de vertu et je vous demande humblement la grâce de l'imiter.

Amen.

24 Décembre.

Je suis retourné voir la malade. Nous avons parlé ensemble de l'ordination de samedi, du jubilé de Mgr Richard, et, généralement, de tout ce qui concerne l'église de Dieu que cette personne aime tant. Elle m'a raconté qu'elle avait connu un prêtre dont les vertus étaient si admirables qu'elle ne croyait pas qu'il pût en exister de plus parfaites ici-bas. Et voici en quels termes elle m'a entretenu et, je l'avouerai, profondément édifié au sujet de ce digne ecclésiastique qu'elle ne désigne, m'a-t-elle dit, que sous le nom du Saint Cœur, (1) parce que ce nom seul peint bien ce qu'il était: tout cœur et toute sainteté. —

Je transcris textuellement ses paroles: Le cœur saint appartenait à un homme plein de sensibilité et de raison, de science et d'humilité, de fermeté et de douceur, d'imagination et de bon sens. Qu'il est rare de trouver tous ces dons réunis !...

Quelle merveille de grâce !

J'ai vu le saint cœur indignement méconnu, blessé, outragé, débordant de

____

(1) Bien entendu, le mot de *saint* n'est employé ici que comme qualificatif simple et non dans le sens théologique que l'Eglise se réserve le droit de lui attribuer.

chagrin et de larmes. Mais je n'ai entendu sortir de sa bouche que des paroles d'indulgence, de paix et de pardon.

D'une complexion délicate, d'un tempérament trés impressionnable, éprouvé constamment par des maux pénibles, il n'en faisait souffrir personne. Il ne se servait, au contraire, de l'expérience qu'il possédait de toutes les peines de la vie que pour mieux alléger celles qu'endurait le prochain.

Il était bon comme un ange du ciel. Sa tendresse pour les malades et les affligés ne saurait s'exprimer en aucune langue de la terre. Douce voix du saint cœur, celui qui vous avait entendue une seule fois ne vous oubliait jamais! Yeux brillants d'innocence et de charité, visage pieux qui réflétait les charmes sacrés du visage de Notre-Seigneur Jésus-Christ, que verrai-je jamais de plus beau, si ce n'est Dieu lui-même?

Le saint cœur était un vaillant, un

fort toujours armé des sentiments de la foi et de l'amour divin, et c'est pourquoi il avait acquis sur lui l'empire d'un monarque absolu. Il se possédait; il possédait son cœur dans l'abnégation, son âme dans la patience, son esprit dans la lumière de la vérité.

Juste envers tous, serviable et bon jusqu'à l'oubli de soi le plus parfait, il donnait à chacun sa mesure de blé abondante et pleine. Ceux qui le voyaient seulement dans sa famille pouvaient croire, à son dévouement pour les siens, qu'ils possédaient seuls toutes ses affections. Mais ceux qui n'étaient témoins que de ses rapports avec les fidèles, les enfants, les malades et les pauvres, pouvaient croire, de leur côté. qu'il n'avait jamais eu d'autre famille, tant il se consacrait tout entier au salut de chacun d'eux.

En un mot, il se faisait tout à tous, n'oubliant que lui seul, réservant pour lui seul toutes ses sévérités et toutes ses duretés.

Que les natures peu délicates, heureuses de trouver en lui une humilité et une patience inaltérables, ont usé et abusé de sa charité angélique!

Il ne s'en plaignait point. Plus le fardeau de ces âmes était lourd, plus il eut craint de le laisser en route. Qui sait si elles auraient eu le courage de gravir toutes seules le sentier escarpé du Paradis?

C'est ainsi qu'il possédait, au suprême degré, la grâce d'agir et de pâtir, de conpatir et de guérir. Réunissant toutes les perfections pour accomplir la volonté de son Père céleste. Se souvenant que si le prêtre est moulu comme le blé, ce n'est pas seulement en vue de sa sanctification personnelle, mais aussi pour faire sortir de lui une vertu qui nourrisse comme le froment.

Et c'était bien, encore, comme un froment très pur, comme des tranches d'un pain exquis que le saint cœur distribuait la parole de Dieu aux fidèles. Longuement préparées, mûries par la prière et l'étude, puis données au peuple avec une modestie ravissante, ses instructions touchaient les cœurs, pénétraient au fond des âmes et y opéraient, sous le regard de Dieu, un bien inexprimable.

Dieu est admirable dans ses Saints, non seulement quand l'œuvre de sa grâce est terminée en eux et qu'il plaît à sa pureté infinie de se refléter dans leur cœur, comme le ciel se reflète dans un lac limpide; mais dès le moment même où sa Sagesse commence à les pétrir comme la cire et à les tailler comme le diamant.

Lis entre les épines de toutes sortes de douleurs, diamant sous le ciseau d'acier de la dureté des hommes, cire délicate liquéfiée par l'amour de Dieu dans sa main divine: tel fut le *Saint-Cœur* dont je retrace les vertus.

C'est un fait bien connu que lorsque Dieu prédispose un cœur au martyre, il ordonne ou il permet que toutes choses qui le touchent se changent en instrument de torture. Pour lui, plus aigües sont les épines, plus profonde l'ingratitude, plus complet l'abandon.

Les auxiliaires qui lui sont envoyés se changent en adversaires. Même les gens de bien le persécutent et se révoltent contre sa légitime autorité... Eclats de pierres précieuses dont Dieu se sert pour tailler un superbe diamant. Mais quand on pense que ce diamant mystique n'était autre qu'un pauvre cœur de chair d'une sensibilité extrême, on frémit en songeant à tout ce qu'il a dû souffrir d'être labouré de la sorte par des éclats de pierre dure.

C'est pourquoi l'histoire de ce saint cœur appartient au genre sublime. Et c'est aussi pourquoi elle ne saurait être comprise de tous, pas plus que ce *Saint-Cœur* n'en fut compris lui-même.

Il y a quelque part, en Italie, (dans la chapelle des Médicis, à Florence) une statue de marbre d'une ravissante expression. C'est un beau jeune homme plein de vie qui sommeille doucement sur un tombeau. Au souffle brûlant du génie de Michel-Ange et sous son habile ciseau le marbre inerte a pris la souplesse de la chair, l'élasticité des muscles, la tension des nerfs et, presque, la chaleur du sang. On croit entendre la paisible respiration du dormeur, on croit voir battre son cœur sous le marbre diaphane qui lui sert de vêtement.

Mais ce n'est qu'une illusion charmante. Michel-Ange, malgré tout son génie, n'a pu créer la vie là où elle n'existait pas.

Dieu seul a le pouvoir de créer et de transformer toutes choses animées et inanimées. Lui seul possède le secret de communiquer sa vie divine à un pauvre cœur humain au point que celui à qui appartient ce cœur peut dire en

toute vérité : Ce n'est plus moi qui vis,
c'est Jésus-Christ qui vit en moi !

LOUONS DIEU !